LEYENDAS VASCAS DE WEBSTER

Uno de los descubrimientos del Romanticismo fue el de las culturas populares y la valoración de la sabiduría popular. Sabido es que la palabra *folklore* fue acuñada en plena época romántica, cuando en la revista «The Athenaeum» de Londres la propuso Ambrosio Merton (seudónimo de William J. Thoms) el 22 de agosto de 1846. El término inglés, compuesto de las palabras *folk* —gente, pueblo, género humano— y *lore* —lección, doctrina, enseñanza—, fue traducido al alemán como *volkslehre* o mejor como *volkskunde* con la matización de conocimiento o sabiduría popular. Los italianos prefirieron acudir a la raíz griega para denominar a la nueva ciencia *Demótica* o *Demología,* denominación que quiso impulsar en el área castellana nuestro Miguel de Unamuno cuando en 1896 dio una conferencia en Sevilla «Sobre el cultivo de la Demótica».

Para entonces, sin embargo, ya había echado raíces en el País Vasco el término inglés a partir de los estudios de Wentworth Webster, y del libro que bajo el título de «Le Folklore du Pays Basque» publicó en 1883 el francés Julien Vinson. Al año siguiente, en 1884, se crea la *Sociedad El Folklore Vasco-Navarro* y el término empieza a tener contenido y uso hasta que recibe, diríamos, aceptación oficial cuando don José Miguel de Barandiarán crea en el Seminario de Vitoria, en 1920, la Sociedad de Eusko Folklore.

Contra esta corriente terminológica extraña pretendieron algunos etnólogos vascos crear una denominación euskérica para expresar el concepto de folklore o sabiduría popular. Y así el bilbaino Camilo de Villabaso propuso en una conferencia que acerca de esta nueva ciencia dió el 27 de marzo de 1886 la palabra *Errijaquintza,* tomando para componer la palabra el neologismo creado por Manuel de Larramendi en su Diccionario Trilingüe (1745) para significar *sabiduría.* La nueva palabra sugerida por Villabaso comenzó a correr en nuestra etnografía hasta que adquirió el apoyo de don Resurreción María de Azkue quien la utilizó para titular en 1934 *Euskalerriaren Yakintza* los cuatro tomos de su monumental obra sobre sabiduría popular de los vascos, que pronto va a ver su tercera edición.

Todavía en 1917 el contenido de la palabra «folklore» era tan amplio como para abarcar toda la sabiduría popular y podía muy bien traducirse al vascuence como *Herri Jakintza.* En efecto, Telesforo de Aranzadi decía que *folklore* es propiamente lo que sabe el pueblo, no sólo lo que sabe cantar y contar, sino también lo que sabe hacer. Este amplio concepto de sabiduría popular podría abarcar dentro de su estudio el idioma, las leyes privativas o fueros, las costumbres, los mitos y creencias, la literatura oral, la artesanía, los juegos, la gastronomía, la medicina, la música y danzas, etc. Pero en realidad este amplio campo de estudio había comenzado a reducirse de forma que, cuando en 1889 se celebró en París el I Congreso Internacional de Folklore, se fijó un cuestionario bastante más concreto para los estudiosos de la nueva ciencia: debían empeñarse en el estudio, como algo vivo y no fosilizado, de los mitos y creencias, de la literatura oral, de la rítmica (música y danza), de la medicina popular. Con este contenido había publicado ya José Manterola en la revista *Euskal Erria* (1884) un cuestionario que había de someterse a los sacerdotes, médicos y maestros para obtener y fijar datos sobre el folklore vivo en el país. Era un primer intento de Atlas Folklórico del País Vasco que todavía no ha llegado a realizarse a pesar de numerosos estudios monográficos individuales y colectivos, iniciados como consecuencia de las Fiestas Euskaras que anualmente organizó desde 1853 en Urrugne Antoine D'Abbadie.

A este singular promotor de la sabiduría popular vasca

dedicó su libro *Basque Legends,* ahora traducido por primera vez al castellano, el inglés Wentworth Webster. En él se contiene parte de esa sabiduría popular o folklore del País Vasco, es decir, su literatura oral, y aun parte de ésta, pues no tiene en él cabida la poesía popular, ni las fábulas, sino solamente las leyendas recogidas de relatos de personas que únicamente sabían hablar en vascuence o que sólo conocían esta lengua cuando aprendieron los cuentos transcritos.

En realidad hay poco de original en todas estas leyendas pues pertenecen a un género universal, siendo formas de pensamiento y expresión de fenómenos naturales —como dice el mismo Webster— que aparecen y reaparecen constantemente entre los pueblos más distantes y aislados. Pero el hecho de haberlos recogido en el pueblo vasco tiene su singularidad, ya que se trata del pueblo más antiguo de Europa que todavía mantiene vivas su lengua y su cultura. Es el que mantiene de una forma más o menos pura el estrato etnológico más antiguo de la etnología europea. A pesar de que la cultura francesa tiene en incunable *Les Cent Nouvelles,* editado en París en 1486, y más libros de cuentos de los siglos XVI y XVII, ninguna de estas leyendas había sido publicada hasta que en 1875 Antoine D'Abbadie leyó la del *Tártaro* ante la Société des Sciences et des Arts de Bayonne, y Jean François Cerquand comenzó a publicar en 1874 sus *Legends et récits populaires du Pays Basque.* Todas ellas tienen un aroma de antigüedad precristiana y aun anterior, son historias de los tiempos antiguos: «Esto ocurrió —dice un relator— cuando todos los animales y las cosas podían hablar» y su transmisión de padres a hijos en las largas noches invernales se hace tan fidedignamente a través de los siglos que los relatos chocan en algunos pasajes con la mentalidad de fines del siglo XIX, de forma que provocan en los relatores comentarios como «no lo entiendo, pero así lo cuenta la historia».

La recolección de cuentos y leyendas populares es, como se ha dicho, un fenómeno literario del Romanticismo. Por lo que se refiere al País Vasco, son fábulas las que primero se recogen y publican en vascuence (Archu, Iturriaga, Adema, Artola, Juan Mateo Zabala) contando con la inapreciable ayuda que prestó a este género el donostiarra José Manterola (1849-1884), que dio cabida a muchas de ellas en su *Cancionero Basco* publicado entre 1877 y 1880. Los cuentos y leyendas, a los que principalmente nos referimos en este prólogo, se recogieron de viva voz en vascuence pero fueron publicados primeramente en castellano, francés e inglés, idioma este último que utilizó Wentworth Webster en la colección que nos ocupa.

Los primeros cuentos vascos fueron publicados en castellano. Dio inicio a una importante serie Antonio de Trueba (1819-1889) de cuyo fallecimiento celebramos este año el primer centenario. Sus *Cuentos de color rosa* (1859), *Cuentos populares* (1860), *Cuentos campesinos* (1860) y otros muchos, que fueron objeto de numerosas reediciones y de traducciones a varios idiomas, fueron, si no todos tomados del pueblo, al menos imbuidos de savia popular. Siguió esta línea Juan Venancio de Araquistain (1828-1906) quien publicó en Tolosa en 1866 sus *Tradiciones Vasco-Cántabras.* Juan Iturralde y Suir (1840-1909) nos legó también sus *Leyendas navarras* (1886) y dejó para ser editados tras su muerte los *Cuentos, leyendas y descripciones euskaras* (1912). No son, por supuesto, los únicos cuentistas vascos en castellano, pero sí los más significativos y de mayor vena popular. Tras la última guerra carlista, la reacción cultural hizo que fueran muchos los que escribieran cuentos y leyendas en vascuence: Artola, Azkue, Barbier, Bustinza, Echegaray, Echeita, Larrakoetxea, Urruano, Zabala-Arana, etc.

Cuando Webster iniciaba la recolección de sus cuentos y leyendas, se le adelantó en la publicación de los suyos el inspector de la Academia de Burdeos Jean François Cerquand, fallecido en 1888, quien a partir de 1874 publicó cuatro series en el «Bulletin de la Société des Sciences, Lettres et Arts» de Pau, con textos en vascuence recogidos de viva voz y su traducción francesa. Entre 1875 y 1882 los publicó también en edición separada en cuatro volúmenes impresos por Leon Ribaut de la misma ciudad. Muchas de estas piezas de literatura popular fueron después utilizadas en su versión francesa por Julien Vinson, como veremos. La versión vasca, con notables modificaciones ortográficas, por otra parte necesarias, ha sido recientemente reeditada por Asuntxi Arana en la Editorial Txertoa. Webster, como correspondía a un amigo y a un científico sin envidias, dedicó un largo comentario a la colección de Cerquand en el «Bulletin de la Société Ramond» en 1875.

Al año siguiente de terminada la publicación de la obra de Cerquand, en 1883, salió a la luz en Maisonneuve et Cie. de París *Le Folklore du Pays Basque*, de Julien Vinson (1843-1926). Esta obra, que hace el tomo XV de la colección *Les Littétatures populaires de toutes les nationes,* fue dedicada por su autor a Wentworth Webster, Master of Arts de la Universidad de Oxford, a quien en las primeras líneas de su prólogo llama «creador del folklore vasco.» Dice que los cuentos, leyendas y supersticiones que publica fueron recogidos por él y por Webster entre 1874 y 1876. Pero publica también otras piezas tomadas de Cerquand y Araquistain. Se contienen además en este libro de Vinson canciones, adivinanzas, proverbios, etc. Pero se trata más bien de recopilación de lo publicado anteriormente por otros autores. Una traducción al castellano de este libro ha sido editada también por Txertoa en 1988.

Faltaba, naturalmente, la traducción del importante libro del inglés Wentworth Webster, que conoció dos ediciones en 1877 y 1879, ambas en inglés y editadas por Griffith and Farran en Londres. A la primera, que ha servido para preparar esta edición en castellano, anadió el autor, como apéndice, *An Essay on the Basque Language,* preparado por Julien Vinson. Tiene esta edición XVI + 233 páginas de 22 centímetros. A la segunda edición añadió Webster un trabajo propio sobre *Basque Poetry,* ocupando un total XVI + 276 páginas de 22 centímetros, también. Ambas ediciones están dedicadas a Antoine D'Abbadie, predecesor de Webster en los estudios folklóricos vascos.

Wentworth Webster había nacido el 16 de junio de 1828 en Uxbridge, Middlesex, Inglaterra. Educado en una escuela privada de Brighton, ingresó después, en 1849, en el Lincoln College de Oxford. Recorrió después Escocia, Alemania y Suiza y a sus 30 años, en 1858, viajó a Buenos Aires, de donde volvió para instalarse por unos años en Bagneres-de-Bigorre, siendo miembro de la Société Ramond, para cuyo *Bulletin* escribió numerosos trabajos. Los años 1862 y 1863 los pasó en Egipto, de donde volvió a Suiza y de allí, en 1870, al País Vasco, viviendo en San Juan de Luz y ejerciendo de capellán de la colonia anglicana de Biarritz. Tras trece años de labor pastoral y trabajos de investigación se retiró a Sara, por razones de salud, donde falleció el 2 de abril de 1907. Tuvo un hijo, profesor en Oxford, y una hija profesora de Cambridge, y a pesar de no romper su relación con su patria de origen, se sintió vasco en la segunda mitad de su vida, dedicando a esta cultura lo más importante de sus estudios y escritos, manteniendo amistad con prohombres de esta cultura como el Príncipe Bonaparte, D'Abbadie, Manterola, Echegaray, Urquijo, Lacombe, Veyrin y todos los vascólogos de su época. Como diría otro inglés y vascófilo, Rodney Gallop, «sólo un inglés, uno solo, ha vivido lo suficiente entre los vascos para escribir con autoridad acerca de su carácter, costumbres y lengua».

Webster escribió sobre los más variados temas de cultura vasca: arqueología, historia, literatura, etnografía, religión, toponimia, costumbres, etc. en numerosas revistas culturales vascas, francesas e inglesas, cuya relación haría demasiado prolijo este prólogo, y fue aceptado como autoridad casi indiscutible en cada uno de los temas que trató. Por lo que a la literatura popular se refiere, publicó varios artículos sobre leyendas, pastorales, etc. Pero su obra principal en este tema es la colección de leyendas vascas que ahora se publica por primera vez en castellano. Algunas de ellas fueron publicadas en su versión original en vascuence en la revista «Fontes Linguae Vasconum» por Charles Videgain y Angel Irigaray (Pamplona, 1974 y 1975), a partir del manuscrito que existe en la Biblioteca Municipal de Bayona.

Estas leyendas fueron escritas en la casa Dagieu-baita, de San Juan de Luz, entre 1873 y 1875, recogidas directamente de muchos vascoparlantes cuyos nombres se citan al final de cada una de las piezas. Dice Webster que en esta labor le ayudó Mme. Bellevue, dueña de la citada casa donde se hicieron las transcripciones. Los textos euskéricos y su traducción al francés se recogieron en varios cuadernos de diversos tamaños y espesores, que juntamente con otras piezas, como una copia de la *Grammaire Cantabrique-Basque* y el *Dictionnaire Latin-Basque,* de Pierre D'Urte, una pieza teatral representada en Sara, una Pastoral y un cuaderno de Facerias, fueron regaladas por Webster a la Biblioteca Municipal de Bayona el 12 de noviembre de 1906, según Julio de Urquijo. Creo más bien que el «november» de la fecha de la carta de Webster a Urquijo se refiere al noveno mes, o septiembre, toda vez que es el 20-9-1906 cuando Leo Hiriart, Bibliotecario-Archivero de Bayona, escribe carta de agradecimiento al donante. Una copia microfilmada de todos estos materiales folklóricos y lingüísticos se halla en la Azkue Biblioteka de la Real Academia de la Lengua Vasca - Euskaltzaindia.

No publicó Webster en su edición inglesa todas las leyendas recogidas. Algunas, que quedaron inéditas, han sido después publicadas en su versión original vasca por Videgain-Irigaray. Contó el pastor inglés con más de una docena de colaboradores, muchos de los cuales le recitaron más de una leyenda; Estefanella y Gagna-Haurra Hirigaray contribuyeron con más de veinte cuentos, como dice Webster en el prólogo a la edición inglesa, de los cuales solo publicó una docena. Catherine Elizondo, Laurentine Kopena, Louise Lanusse y alguna otra le proporcionaron también más de una leyenda. Consta en el citado prólogo su agradecimiento a todos los colaboradores, pero sobre todo a Antoine D'Abbadie «por su amable ayuda y pronta comunicación de las leyendas que él posee y que fueron el punto de partida de nuestro trabajo». De ahí la razón de la dedicatoria del libro. Su agradecimiento a Julien Vinson, a quien considera coautor del trabajo, se debe a que «difícilmente hubiese podido yo hacerme con el coraje necesario para afrontar esta tarea sino hubiese estado seguro de poder contar con su inestimable ayuda ante las dificultades del lenguaje de los narradores». Téngase en cuenta que cuando inició la recolección de leyendas sólo llevaba tres años de residencia en el País

Vasco, insuficientes para dominar la lengua en que se expresaban sus colaboradores, quienes, además, al ser analfabetos en su idioma mayoritariamente, dificultaban aun más la inteligencia de lo narrado. Agradece también a Mme. Bellevue la ayuda prestada en la recogida de la mayor parte de los cuentos y en la traducción de casi todos.

Webster hubo luego de traducir los textos franceses al inglés porque consideró que, estando en periodo de publicación una colección de cuentos vascos traducidos al francés en la obra de Cerquand, interesaba dar conocimiento de todos estos materiales populares a sus compatriotas de lengua inglesa. Téngase por otra parte en cuenta que las prensas inglesas de Londres estaban publicando por aquellas fechas numerosos textos en vascuence bajo los auspicios del Príncipe Luis-Luciano Bonaparte, quien despertó en los medios lingüísticos el interés por la literatura y dialectología vascas.

Terminaré este prólogo con las mismas palabras con las que terminaba Webster el de su edición inglesa: «Sería presuntuoso esperar que nuestros lectores encuentren tanto placer en la lectura de estos cuentos como el que tuvimos nosotros en la tarea de recogerlos». Y añadiré que si la literatura vasca peninsular, en su aspecto popular, ha podido ser conocida por lectores hispanos, es un placer ofrecer ahora a éstos una buena muestra de nuestra literatura popular continental, tan vasca y tan universal como la otra.

Gernika, 27 de marzo de 1989
JOSE ANTONIO ARANA MARTIJA
Académico de la Lengua Vasca.

Libros de los Malos Tiempos

1. JORNADA DE OMAGUA Y DORADO. CRONICA DE LOPE DE AGUIRRE.
Pedrarias de Almesto y Francisco Vázquez. Separata y edición de Ramón Alba. 2.ª edición.

2. PALMERIN DE INGLATERRA. TOMO I.
Edición de José Javier Fuente del Pilar. Separata de Luis Alberto de Cuenca.

3. PALMERIN DE INGLATERRA. TOMO II.
Edición de José Javier Fuente del Pilar. Separata de Luis Alberto de Cuenca.

4. BESTIARIO DE AMOR.
Richard de Fournival. Traducción y separata de Ramón Alba.

5. CUENTOS DE LOS INDIOS IROQUESES.
Tehanetorens. Separata y edición de José Javier Fuente del Pilar. 2.ª edición.

7. LIBRO DEL JUEGO DE LAS SUERTES.
Lorenzo Spirito. Separata de Javier Ruiz.

8. EMBAJADA A TAMERLAN.
Ruy González de Clavijo. Separata y edición de Ramón Alba.

9. HAIKU DE LAS CUATRO ESTACIONES.
Matsuo Basho. Traducción y separata de Francisco F. Villalba. 2.ª ed.

11. LEYENDAS MORISCAS
Separata y edición de Andrés Guerrero Serrano.

12. CUENTOS CHINOS
Edición de Alfred J. Hodgson. Traducción de Ramón M. Castellote. Separata de Ricardo Blázquez.

13. POEMAS DE AMOR DIVINO. POEMARIO SUFI.
Husayn Mansur Halladj. Traducción y separata de Francisco F. Villalba.

14. CUENTOS COSACOS.
Traducción de Ramón M. Castellote. Separata de Angel Encinas y Natela Topuria.

15. RITOS Y LEYENDAS GUANCHES.
Separata y edición de Sabas Martín. 2.ª ed.

16. VISNU PURANA (HISTORIA DE VISNU).
Traducción de A. Champs D'Or. Separata de José J. Fuente del Pilar.

17. CANTAR DE LAS HUESTES DE IGOR.
Traducción y separata de Angel Luis Encinas Moral.

18. CUENTOS DE LOS INDIOS PAWNEE.
George Bird Grinnell. Traducción de Ramón M. Castellote. Edición y separata de José J. Fuente del Pilar.

19. KOKORO.
Ecos y nociones de la vida interior japonesa. Lafcadio Hearn. Traducción y separata de José Kózer.

20. CUENTOS Y LEYENDAS DE LA BRETAÑA.
Edición, traducción y separata de Ros García-Lluis.

21. EL LIBRO DE LOS CINCO ANILLOS. GUIA DEL SAMURAI.
Miyamoto Musashi. Edición y separata de José J. Fuente del Pilar. 2.ª ed.

22. CUENTOS GITANOS.
Francis Hindes Groome. Traducción de Ramón M. Castellote. Separata de Seve Calleja.

23. TEXTOS MITOLOGICOS DE LAS EDDAS.
Snorri Sturluson. Edición, traducción y separata de Enrique Bernárdez.

24. RASHOMON Y OTROS CUENTOS.
Ryunosuke Akutagawa. Edición, traducción y separata de José Kózer.

25. DE PLANETAS Y ANGELES (ANTOLOGIA).
Inmanuel Swedenborg. Edición, traducción y separata de Jesús Imirizaldu.

26. LA DIVINA LOCURA DE DRUKPA KUNLEY. ANDANZAS DE UN YOGUI TANTRICO TIBETANO DEL SIGLO XVI.
Traducción y separata de Hipólito Heredia.

27. SAGA DE EGIL SKALLAGRIMSSON.
Snorri Sturluson. Edición, traducción y separata de Enrique Bernárdez.

28. EGLOGAS COMPLETAS.
Juan de la Cueva. Edición y separata de José Cebrián.

29. EL BALADRO DEL SABIO MERLIN.
Edición de José Javier Fuente del Pilar. Separata de Luis Alberto de Cuenca.

30. ESPEJO DE LA LUNA.
Saigyo. Edición, traducción y separata de José Kózer.

31. DIALOGO DE LOS PAJES.
Diego de Hermosilla. Edición de José Javier Fuente del Pilar. Separata de Seve Calleja.

32. EL LIBRO DE LOS PROVERBIOS.
Ramon Llull. Edición y separata de S. Garcías Palou.

Libros de los Malos Tiempos

Miraguano Ediciones

Libros de los Malos Tiempos

Miraguano Ediciones
Madrid, 1989

Wentworth Webster

LEYENDAS VASCAS

Portada: *"La Yunta" ("Matur-beiak")*
de Javier Ciga Echandi

Traducción: Julio Velasco Cobelo

Maqueta, diseño y producción: Equipo Miraguano

Hermosilla, 104. 28009 Madrid
Telf. 401 69 90
I.S.B.N.: 84-7813-050-0
Depósito legal: M. 40.597-1989
Imprime: FARESO, S. A.
Paseo de la Dirección, 5
28039 Madrid

La presente edición de las «Leyendas Vascas» es una traducción del libro «Basque Legends», recopiladas por el reverendo Wentworth Webster, Master of Arts por la Universidad de Oxford, y editado en Londres por Griffith and Farran (sucesores de Newbery and Harris) y por Walbrook & Co., en el año 1877. Las notas a pie de página son del citado Wentworth Webster.

[illegible] una
traducción [illegible] realizadas por
el [illegible] Wordsworth [illegible] y
la University [illegible] Oxford [illegible] Londres [illegible]
[illegible]
Ltd [illegible] 1897 [illegible]
[illegible] Wordsworth [illegible]

A M. Antoine D'Abbadie, de Abbadia,
Miembro del Instituto de Francia,

Está dedicada esta TRADUCCION DE LEYENDAS, relatadas en la lengua de sus antepasados, en caluroso agradecimiento por su amabilidad e infatigable ayuda,

De su fiel y seguro servidor,

WENTWORTH WEBSTER.

I. LEYENDAS DEL TARTARO

¿Quién o qué es el Tártaro? «Ah, usted se refiere al hombre con un ojo en medio de la frente», es la respuesta inmediata y universal. El Tártaro es el Cíclope, el «ojo redondo del sol».

Pero la palabra «tártaro» no tiene aparentemente nada que ver con esto. M. Cerquand, en sus «Legendes et Récits Populaires du Pays Basque», afirma que el vocablo viene de Tartare, Tartar, de igual modo que se dice que la palabra francesa Ogre *deriva de* Hongrois, Ugri. *La única objeción posible a este probable origen (que una variante Souletin, Moiriak, hace aún más probable) es la fecha relativamente tardía —el siglo XIII— de la primera aparición de los tártaros en Europa (1). Además, es completamente cierto que en muchos cuentos el Tártaro reemplaza o es idéntico al gigante o al ogro, pero no nos parece que sea esta la concepción original de este monstruo mitológico, ni hemos escuchado nunca de labios de un vasco iletrado una descripción del Tártaro semejante. Para ellos es simplemente un cíclope: un gigante con un ojo en medio de la frente.*

Es ciertamente una cuestión interesante: ¿Existe alguna conexión entre el Tártaro vasco y el Cíclope de la Odisea y los clásicos? En primer lugar debemos señalar que la leyenda del Cíclope no es exclu-

---

(1) Parece haber una raíz vasca, «Tar», que aparece en las palabras «Tarro, Tarrotu, v., *devenir un peu grand.* «Tarrapataka», adv., *marchant avec précipitation et en faisant du bruit*». Ver estas palabras en el «*Vocabulaire Bas-Navarrais* de Salaberry. Véase «*Tales of the Western Highlands*», de Campbell, Vol II, pág 94: «Escuchó un gran ruido tártaro». La palabra tártaro está impresa como un galicismo.

siva de los escritores griegos y latinos, ni siquieras de los pueblos arios. Una prueba de ello es el trabajo sobre leyendas del Tártaro presentado por M. d'Abaddie de la «Societé des Sciences de Bayona», en el que el autor relata que en junio de 1843, en un punto de Africa Oriental situado en Latitud 9.2.º Norte, Longitud 34.48.º Este, escuchó el cuento de labios de un hombre que nunca había abandonado aquel país. Por tanto, es solamente la modalidad específica de la leyenda, y no la idea original, lo que los griegos pueden *haber tomado de los vascos. Debemos sin embargo señalar que el mito del Cíclope es un mito occidental, no oriental, y que está más estrictamente localizado que casi todos los demás. Esto quizá pudiera explicarse diciendo que «el gran ojo ardiente del sol» se refiere probablemente al sol del ocaso, no al del amanecer; que «la estaca al rojo vivo» es el rojizo pico montañoso o el tronco del abeto al ser contemplados contra el horizonte occidental, iluminados por sus rayos descendentes. Pero en los relatos de Teócrito y Ovidio, en los que el mito sol no es tan aparente, el hogar del Cíclope continua siendo Sicilia. La primera leyenda del Tártaro que aparece en esta obra se asemeja mucho a un resumen tosco de la historia de «Acis y Galatea», de Ovidio. Por otro lado, W. Von Humboldt, en su «Prüfung der Untersuchung über die Urbewohner Hispaniens vermittelst der Vaskischen Sprache» (Berlín, 1821), en el capítulo 7, pág 178, y, argumentando a partir de terrenos muy distintos, sitúa a Sicilia como la morada más oriental de los vascos en Europa a lo largo de la historia (2). Dejamos a los humanistas la tarea de estudiar si las razas itálicas entraron en contacto con los vascos en Sicilia y en Magna Grecia y si de ellos tomaron su propia modalidad de la leyenda del Cíclope.*

Como dijimos antes, el Tártaro reemplaza en ocasiones al gigante o al ogro. Otras veces lo encontramos como Basa-Jaun, o incluso como un animal, sustituyendo a Acheria, el zorro. El Tártaro es, en su forma habitual, un enorme gigante de un solo ojo, a veces es caníbal, sin embargo no carece de cierta «bonhomie» una vez saciado de comida y bebida. Intelectualmente muy por debajo de la físicamente más débil raza humana, el Tártaro es siempre derrotado en sus luchas con ésta, a pesar de su enorme fuerza. Pierde todas

---

(2) Véase también «*Fragmenta Historicum Graecorum*», de Müller (Didot, París, 1841), Vol I, pág 246. «*Ephori Fragmenta*», 51, con las referencias allí dadas.

sus apuestas, y por lo general termina siendo empujado al suicidio involuntario. En algunos aspectos recuerda a uno de los «Lubbar Fiend» de Milton, y en el hecho de ser constantemente derrotado y burlado, a una de las clases de Diablo de los relatos medievales. A veces aparece bajo un disfraz más bondadoso, como cuando ayuda al joven príncipe a conquistar sus derechos, o cuando proporciona al Petit Yorge los medios para vencer a los Heren-Suge. Nos confesamos incapaces de interpretar qué es el anillo parlante que aparece en muchas de estas historias. Encontramos también este anillo en los relatos Celtas, pero no, que nosotros sepamos, en las leyendas clásicas.

Una peculiaridad de las leyendas vascas, y en especial de las del Tártaro, es que a menudo el héroe es un loco, un idiota o un tonto (3). Lo mismo ocurre, si la memoria no nos falla, con las representaciones eslavas de Odysseus (*).

Pero los vascos parecen insistir sobre la idea de un modo muy peculiar: en sus relatos aparecen todas las variantes de este tipo de héroe, desde el loco salvaje, como el Berseker escandinavo, pasando por el idiota y el tonto, hasta el simple zoquete. Errua, Enuchenta, Ergela, Sosua, Tontua, *son términos empleados para nombrar a los héroes, que en ocasiones nada tienen —desde nuestra mentalidad moderna— de idiotas o de locos, con excepción del nombre. ¿Será quizá que el poder que apagó el abrasador ojo del sol fuese contemplado como un ser beneficioso en una ardiente tierra tropical, mientras que a medida que la leyenda viajaba hacia el norte la acción iba pareciendo cada vez más una locura o un acto de estupidez sin sentido?*

Una variante de estos cuentos del Tártaro nos recordará inmediatamente al «Sastrecillo Valiente» de los hermanos Grimm, y a algunas de las versiones más modernas de «Jack el Matagigantes.» Pero aunque aparecen incidentes idénticos, es bastante difícil que los vascos los hayan tomado de éstos. Algunos de los narradores que aparecen en la presente obra desconocían por completo *el francés, y aprendieron el cuento en su infancia, de labios de ancianos de poco más de 80 años que habían muerto hacía poco tiempo. La primera traducción de los Cuentos de los hermanos Grimm al francés fue publicada en el año 1845.*

---

* Odysseus. Nombre griego de Ulises (N.T.).

(3) Ver también la gaélica «*The Story and the Lay of the Great Fool*», de Campbell, Vol. III, págs. 146-154.

EL TARTARO

Erase una vez el hijo de un rey, que se convirtió en un monstruo como castigo a alguna falta. Solamente podía volver a ser hombre mediante el matrimonio. Un día conoció a una joven que le rechazó por miedo. El Tártaro quería darle un anillo que ella rehusó aceptar. Pero el Tártaro se lo envió por medio de un joven. En cuanto la joven se lo puso en el dedo, el anillo comenzó a decir «Vos allá, y yo acá» (4). Se pasaba todo el tiempo gritando esto, y el Tártaro perseguía continuamente a la joven. Y como estaba tan aterrorizada de él, se cortó el dedo con el anillo y arrojó ambos a un gran lago, y allí el Tártaro se ahogó.

ESTEFANELLA HIRIGARRAY
DE AHETZE.

VERSION DE M. D'ABBADIE

Esta historia fue relatada por M. D'Abbadie a la Societé des Sciences et des Arts de Bayona. El narrador es M. El Abad Heguiagaray, Párroco de Esquiule en La Soule:

«En mi infancia a menudo escuché contar a mi madre la historia del Tártaro. Era un coloso, con un único ojo en medio de la frente. Era pastor y cazador, pero cazador de hombres. Todos los días devoraba una oveja. Después, tras echar una cabezadita, se comía a quien quiera que tuviese la desgracia de caer en sus manos. Su morada era un enorme granero de gruesas paredes, techo alto y una puerta muy recia que sólo él sabía abrir. Su madre, una vieja bruja, vivía en un rincón del jardín, en una cabaña hecha de turba.

(4) Este anillo parlante del gigante aparece en «*Popular Tales of the West Highlands*», Vol. I, pág. 3, en el cuento «Conall cra Bhuide.» El autor también hace referencia al cuento de «*El ladrón y sus hijos*», de los hermanos Grimm; en el que aparece este anillo: «Se pone el anillo de oro que le dio el gigante, lo que le obliga a gritar ¡Aquí estoy! Se arranca el dedo de un mordisco y así consigue escapar».

Un día, un poderoso joven quedó atrapado en los cepos del Tártaro, y éste le llevó a su casa. El joven vio al Tártaro comerse una oveja entera, y sabía que después solía echarse una siestecita, y que tras ella llegaría su turno. Desesperado, se dijo que tenía que hacer algo. En cuanto el Tártaro comenzó a dormir, puso el espetón del asador en el fuego, lo calentó hasta el rojo vivo y lo hundió en el único ojo del gigante. Este se levantó de un salto y se lanzó en persecución del hombre que le había herido, pero no podía dar con él.

"No escaparás. Escóndete si quieres", dijo el Tártaro, "pero solamente yo conozco el secreto para abrir esta puerta". Dicho esto, el Tártaro entreabrió la puerta y dejó salir a las ovejas haciéndolas pasar bajo sus piernas. El joven cogió el cascabel de un carnero, se lo puso alrededor del cuello, se echó sobre la espalda la piel de la oveja que el gigante acababa de devorar y se dirigió hacia la puerta andando a cuatro patas.

El Tártaro le examinó con las manos, se dio cuenta del truco y agarró la piel, pero el joven se la quita, se escabulle entre sus piernas y escapa corriendo.

Inmediatamente la madre del Tártaro se encuentra al joven y le dice: "¡Oh, qué joven tan afortunado! Has escapado del cruel tirano. Toma este anillo como recuerdo de tu huída."

El joven acepta, se pone el anillo en el dedo e inmediatamente el anillo comienza a gritar *"¡Heben nuk! ¡Heben nuk!"* (¡Me tenéis aquí! ¡Me tenéis aquí!)

El Tártaro entonces corre hacia él y cuando está a punto de atraparle, el joven, enloquecido de terror al no poder quitarse el anillo, saca un cuchillo y, tras cortarse el dedo, lo arroja lejos de sí, y así consigue escapar del Tártaro.»

En otras versiones el joven va al bosque con unos cerdos, y allí se encuentra al Tártaro, que le lleva a su casa. En ella el joven ciega al monstruo con el espetón al rojo vivo y escapa dejándose caer por la ventana del desván. El Tártaro le persigue, guiado por el anillo, hasta que finalmente el joven se corta el dedo y lo arroja a un precipicio o a un pantano. Allí el anillo sigue gritando y el Tár-

taro, que se guía por el grito, se destroza al caer al precipicio o se ahoga en el pantano.

ERRUA EL LOCO

Erase una vez un hombre y una mujer que, como muchos otros en el mundo, tenían un hijo. Era éste muy malvado y no hacía sino cometer fechorías, pues era de naturaleza totalmente depravada. Los padres decidieron mandarle lejos de ellos, y él se mostraba ansioso por partir.

El hijo se pone en camino y se va muy muy lejos. Llega a una ciudad, y pregunta si alguien necesita un sirviente. Querían uno en una casa, así que va allí, y acuerda con el amo que le pagará cierta cantidad, y que cualquiera de los dos que no esté satisfecho con el otro podrá arrancar a éste la piel de la espalda (5).

El amo envía a su sirviente al bosque a recoger cuantos pedazos de madera retorcida pudiese encontrar. Cerca del bosque había un viñedo. El sirviente lo corta y lleva los tocones a la casa. El amo le pregunta dónde está la madera, y el sirviente le muestra todo el viñedo cortado. El amo no dijo nada, pero no se quedó contento.

Al día siguiente, el amo le dice: «Llévate las vacas a tal prado pero no hagas ninguna abertura en la cerca.»

¿Qué hace el tipo? Descuartiza a todas las vacas y arroja los pedacitos al prado. El señor se irritó aún más, pero nada podía decir por temor a que le arrancasen la piel. ¿Qué hace? Compra una piara de cerdos y manda al criado que la lleve a la montaña.

El amo sabía muy bien que había un Tártaro en aquella montaña, pero aún así le envía allí.

Nuestro loco camina por el monte. Llega a una pequeña cabaña, que quedaba muy cerca de la casa del Tártaro. Los cerdos del Tártaro y los del loco coincidían juntos en el mismo campo. El Tártaro le dijo un día:

---

(5) Ver «*Mac-a-Rusgaich*», de Campbell, Vol. II, pág. 305: «Incluyo en el trato que si cualquiera de los dos se arrepiente, se le arrancará una tira de piel, desde la nuca hasta el talón.»

«¿Quieres apostar sobre quién de los dos puede arrojar una piedra más lejos?»

El loco aceptó. Esa misma noche se puso muy triste. Mientras rezaba sus oraciones, se le apareció una anciana que le pregunta:

«¿Qué es lo que te pasa? ¿Por qué estás tan triste?» El le cuenta la apuesta que ha hecho con el Tártaro. La vieja le responde:

«Si solamente es eso, no es nada»

A continuación le da un pájaro y le dice:

«En lugar de la piedra, arroja este pájaro.»

El loco se quedó muy contento. Al día siguiente hace tal y como le había aconsejado la anciana. La piedra del Tártaro fue muy muy lejos, pero finalmente cayó al suelo. Sin embargo el pájaro del loco no cayó.

El Tártaro se quedó perplejo por haber perdido la apuesta, y hacen otra: sobre quién de los dos podrá arrojar más lejos una barra de hierro. El loco volvió a aceptar. Estaba esa noche rezando en su casa, muy triste, cuando apareció de nuevo la anciana, y le preguntó:

«¿Qué te pasa?»

«He vuelto a hacer una apuesta sobre quién de los dos arrojará más lejos una barra de hierro, y estoy muy triste.»

«Si solamente es eso, no es nada. Cuando agarres la barra dí: «Levanta, barra de hierro, aquí y Salamanca» (*Alchaala palenka, hemen eta Salamanka*) (6).

Al día siguiente el Tártaro agarra su enorme barra de hierro y la lanza muy lejos. El joven apenas podía levantar un extremo, y entonces exclama:

«Levanta, barra de hierro, aquí y Salamanca.»

Cuando el Tártaro oyó esto, gritó:

«Doy por perdida la apuesta. Has ganado.» Y le arrebata la barra de hierro. «Mi padre y mi madre viven en Salamanca. No arrojes la barra, te lo ruego, te lo suplico. Los aplastarás a los dos.»

---

(6) Salamanca era en la época de De Lancre (1610) el centro reconocido de la brujería y la magia negra. De Lancre está constantemente haciendo juegos con esta palabra. Es por «Sel y manque», etc. Véase también la historia de Gerbert, del Papa Silvestre II, del siglo X.

Nuestro loco se marcha muy feliz.

El Tártaro le dice otra vez:

«Arrancaré el roble más grande del bosque, y tú arrancarás otro.»

El loco dice «Sí.» Y según avanzaba el día, más triste se ponía. Estaba rezando. Cuando la anciana vuelve junto a él y le dice:

«¿Qué te pasa?»

El loco le cuenta que ha hecho otra apuesta con el Tártaro, y que no sabe cómo hará para arrancar un roble. La anciana le da tres ovillos de hilo, y le dice que empiece a atarlos a todos los robles del bosque (7).

Al día siguiente el Tártaro arranca su roble, uno muy grande. Y el loco comienza a atar, y atar, y atar.

El Tártaro le pregunta:

«¿Para qué haces eso?»

«Tú (arrancaste), uno, yo todos éstos.»

El Tártaro responde:

«¡No! ¡No! ¡No! ¿Qué voy a hacer para engordar a mis cerdos si no tengo bellotas? Has ganado. Has ganado la apuesta.»

El Tártaro no sabía qué pensar de todo esto, pues vio que había dado con alguien más listo que él, así que invita al loco a pasar la noche en su casa. El loco responde que «Sí.»

Se va entonces a dormir con el Tártaro, pero sabía que había un hombre muerto bajo la cama. ¿Qué hace el loco cuando el Tártaro se queda dormido? Le coloca el muerto al lado, y él mismo se mete debajo de la cama. En mitad de la noche el Tártaro se levanta, coge su enorme barra de hierro y descarga golpe tras golpe, pin, pan, pin, pan, con toda la fuerza de que es capaz.

Por la mañana el Tártaro se levanta como de costumbre y va a ver a sus cerdos, y el loco sale de debajo de la cama y va también a ver a los suyos. El Tártaro se queda pasmado al verle llegar, y no sabe qué pensar de ello. Se dice a

---

(7) Hallamos este mismo incidente en el cuento gascón «*Le Coffret de la Princesse*», de Cenac-Moncaut, en «*Litterature Populaire de la Gascogne*», pág 193 (Dentu, París, 1868).

sí mismo que tiene que vérselas con uno más listo que él, y le pregunta si ha dormido bien.

El loco responde: «Sí, muy bien. Sólo sentí unas cuantas picaduras de pulga.»

Los cerdos de ambos se habían mezclado, y todos parecían muy gordos, así que el loco decidió separarlos para marcharse con los suyos. El Tártaro le pregunta qué marca tenían sus animales.

El loco le contesta: «Los míos tienen algunos una marca, y otros dos marcas.»

Se disponen a buscarlos, y todos los cerdos tenían o una o dos marcas.

De modo que nuestro loco se marcha con todos los cerdos. Camina hasta una ciudad justamente el día del mercado, y vende todos los puercos excepto dos, pero se guarda todas las colas y se las mete en los bolsillos. Como posiblemente adivinarán Vds. tenía miedo del Tártaro. De pronto le ve llegar de la montaña. Mata a uno de los cerdos y se guarda las entrañas en el pecho, bajo el chaleco. Cerca había un grupo de hombres junto al camino, y al pasar junto a ellos saca su cuchillo, se lo clava en el pecho y, tras extraer de sus ropas las entrañas del cerdo, comienza a correr mucho más deprisa que antes.

Cuando el Tártaro llega donde están los hombres, les pregunta si han visto a un hombre de tales características y describe al loco.

«Sí, sí, iba corriendo deprisa, y para correr aún más, justo al pasar por aquí, se apuñaló a sí mismo y se sacó las entrañas y las tiró, y así fue más deprisa.»

El Tártaro, para ir él también más deprisa, se clava el cuchillo en el cuerpo y cae muerto (8).

El loco va a ver a su amo. Cerca de la casa había un pantano lleno de fango. Mete a sus cerdos vivos en el pantano, y mete también todos los rabos. Entra en la casa y le dice al amo que allí está con los cerdos. El amo se queda pasmado de verle.

---

(8) Compárese este incidente con la muerte del gigante en una de las versiones de «*Jack el Matagigantes*», especialmente con «*The Erse versión of Jack the Giant-Killer*», de Campbell, Vol. II, pág. 327.

Le pregunta: «¿Dónde están los cerdos, pues?

El loco le dice «Se han metido todos en el fango, estaban muy cansados.»

Salen los dos de la casa, y empiezan a sacar a los cerdos de verdad, y entre los dos se las arreglan muy bien. Intentan hacer lo mismo con los otros, pero no hacen sino sacar rabos y rabos.

El loco le dice: «¿Ves lo gordos que están? Por eso los rabos salen solos.»

El amo manda al sirviente a que le traiga la pala y el azadón. El, en vez de llevárselos, empieza a golpear a la señora de la casa ¡Pim! ¡Pam!, y le grita al señor: «¿A una o a las dos?

El amo le responde: «A las dos, a las dos.»

Y entonces golpea a la criada hasta hacerla casi pedazos. Luego se va hacia el amo, con la pala y el azadón, y empieza a golpearle con ellos hasta dejarlo inerte y entonces le arranca la piel de la espalda, coge los cerdos y se marcha a casa de sus padres. Y como vivió bien, murió bien también.

PIERRE BERTRAND lo aprendió de su abuela,
que murió hace pocos años, a la edad de 82.

VARIANTES DEL RELATO DE ERRUA

Existen diversas variantes de este cuento, algunas —como la expuesta más arriba— muy semejantes al «Sastrecillo Valiente» de los hermanos Grimm, otras similares a los «Highland Tales» de Campbell. En una de ellas hay dos hermanos, uno idiota y el otro loco (Enuchenta et Ergela). El idiota es el primero en dejar la casa para trabajar de sirviente, pero le envían de vuelta por su estupidez. Después se marcha el loco, y burla tanto a su amo como al Tártaro, al que quema el ojo con un espetón al rojo vivo, como en el primer relato. En otra variante el sirviente aterroriza al Tártaro cascando dos nueces y diciéndole que eran huesos de cristianos. Otra apuesta es sobre quién podrá llevarse más agua de una fuente. El Tártaro *llena dos barriles (*), pero el loco le dice «¡Sólo eso! Yo me llevaré toda la fuente», y empieza a agitar el agua con un palo. Pero el Tártaro grita: «¡No! ¡No! ¡No! me rindo. ¿Dónde voy a beber si te llevas toda mi agua?» Otra variante es la siguiente:*

LOS TRES HERMANOS, EL AMO CRUEL Y EL TARTARO

Erase una vez una madre que vivía, como tantas otras, con sus tres hijos. No eran ricos, sino que vivían de su trabajo. Un día, el hijo mayor le dijo a su madre:

«Sería mejor para todos que me fuese a buscar trabajo como sirviente.»

A la madre no le gustó la idea, pero finalmente accedió. El chico se marchó muy, muy lejos, hasta que llegó a una casa y preguntó si querían un sirviente. Le respondieron que sí, y llegaron a un acuerdo: El amo le pagaría un salario muy alto, 100.000 francos, pero el muchacho debía hacer cuanto se le ordenase. Si no lo hacía, el amo le arrancaría la piel de la espalda al acabar el año, y además le echaría sin pagarle nada (9).

El sirviente le respondió: «De acuerdo. Soy fuerte, y trabajaré.»

A la mañana siguiente, el amo le dio un montón de trabajo, pero el muchacho lo hizo con facilidad. Al llegar los últimos meses del año, el señor le presionaba cada vez más, y un día le envió a un campo para sembrar ciento doce celemines de trigo en un sólo día. El chico partió muy triste, llevándose un par de bueyes. Al regresar a la casa, muy avanzada la tarde, el amo le preguntó:

---

* El original habla de «two hogsheads». *Hogshead* es un barril con capacidad entre 63 y 40 galones (entre 286 y 630 litros). También es el nombre de esa medida de volumen (N. del T.).

(9) Encontramos este acuerdo en los países escandinavos y en Bretaña. Véanse «*Contes Populaires de la Grande Bretagne*», de Loys Brueyere, págs. 25, 26. Se trata de un trabajo excelente. El incidente de Shylock, en «*El mercader de Venecia*», parece ocurrir en todas partes.

«¿Has terminado tu trabajo?»

«No», respondió el muchacho.

«¿Recuerdas el trato que hicimos? Tengo que arrancarte la piel de la espalda. Esa es tu paga.»

Y así lo hizo, y mandó al chico de vuelta a casa sin darle ni un céntimo. Al verle llegar, tan delgado y débil, y sin dinero, a su madre se le partió el alma de dolor.

El chico les contó lo que había pasado, y el segundo hermano quiso entonces partir en seguida a buscar trabajo, pues él era fuerte y haría aun más faena. La madre no quería, pero se vio obligada a dejarle partir.

El segundo hermano acertó a pasar por la misma casa donde había estado el otro, y llegó a un acuerdo con el amo. Cuando ya casi había terminado su año de trabajo, el amo le envió también a sembrar ciento doce celemines de trigo en un día. Comenzó la tarea muy temprano, con una pareja de bueyes, pero la noche cayó sobre él sin haberla terminado. El amo se alegró mucho, le arrancó la piel de la espalda y le mandó a casa sin darle dinero. Imagínense el disgusto de la madre al ver a sus hijos volver a casa de aquel modo.

El hijo menor quiso entonces salir también a buscar trabajo. Le prometió a su madre que volvería con el dinero y con la piel de la espalda. Partió y llegó a la misma casa que sus hermanos, y estableció con el amo el mismo acuerdo que ellos.

El señor le hizo trabajar duramente durante diez meses, y entonces quiso ponerle a prueba. Le mandó al campo con la orden de sembrar ciento doce celemines de trigo antes de que llegase la noche. El chico asintió, cogió dos pares de bueyes y se fue. Aró un surco alrededor del campo, y arrojó dentro los ciento doce celemines de trigo. Después abrió otro surco para cubrirlo, y al llegar la noche volvió a la casa. El amo se quedó perplejo, y le preguntó si lo había sembrado todo.

«Sí, está todo bajo tierra, puedes estar seguro.»

El amo no se quedó contento, tenía sus temores. Al día siguiente le mandó a un campo con dieciséis cabezas de ganado, y le dijo:

«Debes meter todas estas reses en el campo sin abrir la verja y sin hacer ninguna abertura en la valla.»

El chico cogió un hacha, una azada y una horquilla, y partió a realizar su tarea. Al llegar al campo, mató a todas las reses, una por una, después las troceó con el hacha y arrojó todos los pedazos al interior del campo. Volvió a casa al anochecer, y le dijo al amo que todo el ganado estaba en el campo, tal y como él había ordenado. El amo no quedó contento, pero no dijo nada.

Al día siguiente le mandó ir a cierto bosque y traer una carreta llena de madera, pero cuidando de que todos los pedazos fuesen rectilíneos. El chico partió, buscó un bosquecillo de castaños y cortó todos los castaños jóvenes que su amo había plantado, y regresó a casa. Al amo no le gustó nada aquello, y le dijo:

«Mañana volverás a salir con los bueyes, y habrás de traer una carreta llena de maderas todas muy retorcidas; si traes una sóla que esté derecha, tanto peor para tí.» El chico partió, y taló un excelente viñedo. Tras cargar la carreta, volvió. Cuando el señor vio aquello, se quedó sin palabras. No sabía qué pensar.

Luego le envió a otro bosque. Allí vivía un Tártaro que se comía a cuantas personas y animales se acercaban. El amo cargó al muchacho con diez cerdos y comida para diez días, y le explicó que los marranos se alimentarían bien por sí solos, pues había muchas bellotas por aquella zona; finalmente le mandó volver al cabo de diez días.

Nuestro amigo se puso en camino, topándose con una anciana que le preguntó:

«¿Dónde vas amigo?»

«Voy a este bosque, a engordar a los cerdos»

«Si no eres un completo idiota, no irás allí. El Tártaro horrible te comerá si lo haces.»

La mujer llevaba una cesta de nueces apoyada en la cabeza, y el chico le dijo:

«Si me das dos de esas nueces, derrotaré al Tártaro.»

La anciana accedió gustosa, y el chaval siguió su camino. Más adelante volvió a encontrarse con otra anciana que estaba devanando hilo en un carrete, y al verle le preguntó:

«¿Dónde vas, amigo?»

«A este bosque.»

«No vayas allí. Hay un Tártaro horrible que te devorará a tí y a tus cerdos.»

«Debo ir allí de cualquier modo, y venceré al Tártaro si tú me das dos de tus ovillos de hilo.»

La mujer se los dio, y el chico siguió su camino hasta encontrarse con un herrero, que también le preguntó dónde iba. Nuestro amigo respondió: «Voy a este bosque, a engordar a mis cerdos.»

«Mejor será que te des la vuelta. Allí vive un terrible Tártaro, que con toda seguridad te comerá cuando te vea.»

«Si me das un espetón, le derrotaré.»

«Te lo daré con mucho gusto», y así lo hizo. El chico continuó la marcha, y finalmente llegó al bosque. Les cortó los rabos a los marranos, y los ocultó en un lugar seguro. Apareció el Tártaro, y le dijo:

«¿Cómo es que has venido hasta aquí? Voy a devorarte.»

«Cómete un cerdo si quieres, pero a mí ni me toques», le respondió el chaval, cogiendo las dos nueces y frotándolas una contra la otra. «Tengo aquí dos tenares, y si uno de ellos te roza, eres hombre muerto.»

El Tártaro se asustó al oír aquello, y se alejó en silencio. Se comió un cerdo, y volvió a donde estaba el muchacho.

«Hagamos una apuesta» —le dijo. «¿Quién de los dos será capaz de hacer el montón de madera más grande?»

El Tártaro comenzó a cortar madera sin parar. El chico le dejó, y cuando la bestia había apilado ya un enorme montón de madera, el muchacho comenzó a rodear todos los árboles con sus ovillos.

«Tú eso, pero yo todo esto», y siguió atando más y más árboles. El Tártaro se rindió, diciéndose «Es más listo que yo.»

Como ya habían pasado los diez días, al caer la noche el muchacho hizo un gran fuego, y metió en él el espetón hasta que se puso al rojo vivo, y mientras el Tártaro dormía, se lo hundió en su único ojo. Después cogió los rabos de los cerdos y se marchó del bosque sin los marranos, pues el Tártaro se había comido uno cada día. En las cercanías de la casa de su amo había un «pozo de las hadas» (10), y allí puso el muchacho los rabos de los animales, excepto uno. Fue luego corriendo a ver al amo, diciéndole que todos los cerdos volvían muy alegres, pero que como habían pasado tanto calor en el viaje se habían metido en el fango. «Intenté sacar a uno tirando, pero sólo salió el rabo. Aquí lo tengo.»

Salieron los dos hacia el pantano, pero el amo no se atrevía a meterse en él para tirar de los cerdos, así que volvió a casa muy triste sin saber qué pensar de todo aquello. Le dio los cien mil francos al muchacho, que regresó a su casa muy orgulloso, con su madre y sus hermanos. Allí vivieron felices, y el cruel amo se quedó sin cien mil francos, lo que le estuvo muy merecido, por poseer tanto.

EL TARTARO Y *PETIT PERROQUET*

Erase una vez una madre y su hijo que eran muy desgraciados. Un día, el pequeño le dijo a su madre que debía marcharse para ver si podía hacer algo por ambos, así que partió y fue muy, muy lejos. Atravesó muchos países y llegó a una gran ciudad, y allí preguntó si sabían de algún sitio donde necesitasen un sirviente. En la casa del rey, le respondieron afirmativamente. Una vez allí le dijeron que debía ser jardinero, y él contestó que no sabía ni cómo manejar una azada, pero que aprendería. Era un chico muy apuesto, aprendió pronto el oficio y todos le estimaban.

El rey tenía una hija que a menudo se había fijado en Petit Perroquet, pues el chico era amable con todos. En la ciudad había también un príncipe que cortejaba a la joven princesa, que cayó preso de celos y aversión hacia Petit Perroquet. Un día, el príncipe (11), fue a ver al rey y le dijo:

«¿No sabes lo que dice Petit Perroquet? Dice que podría traerse aquí el caballo del Tártaro?»

---

(10) Literalmente, un «pantano del Basa-Andre». Los «*Puits des Fées*» son muy comunes en Francia, en especial en las Landes y en la Gironde.

(11) Solamente en este y en otro cuento la palabra «príncipe» se usa como «hijo del rey». Compárase a este respecto con el gaélico de Campbell. Este cuento está probablemente tomado del francés, y el Tártaro es simplemente un gigante.

El rey mandó llamar a Petit Perroquet y le preguntó: «Parece que has dicho que podrías traer aquí el caballo del Tártaro, ¿es cierto?»

«Ciertamente yo no he dicho tal cosa.»

«Si, sí», respondióle el rey, «sí que lo has dicho.»

«Sin embargo, si me das todo lo que te pida, intentaré hacerlo.»

Y Petit Perroquet le pidió una gran cantidad de dinero y partió. Viajó muy, muy lejos, hasta que tuvo que cruzar un ancho río. Habló con el barquero y le pagó el pasaje, y le dijo que quizá a la vuelta traería consigo una carga muy pesada, pero que le pagaría bien por ella.

Cruzó, pues, al otro lado; mas aún tenía un largo trecho que recorrer a través del bosque, pues el Tártaro vivía en un rincón apartado de la montaña. Hasta allí llegó, y llamó a la puerta del Tártaro. Entonces apareció una anciana que se le acercó y le dijo:

«¡Lárgate de aquí lo más deprisa que puedas! Mi hijo huele la carne de cristiano a una legua de distancia.»

«Que me coma aquí o que me coma en cualquier otra parte, ¿qué más da?»

Pero aun así, Petit Perroquet salió de la casa y se ocultó bajo una gran pila de helechos recién cortados. Apenas acababa de hacerlo cuando oyó un jadeo profundo y un rechinar de dientes que sonaba como un trueno. Quedóse paralizado de terror, temblando. El Tártaro entró en su casa y le preguntó a su madre si no sabía de algún que otro cristiano oculto por allí.

«¡No, no!» respondió ella, «Pero ve a comer, tu cena está lista.»

«¡No, no! Primero debo comerme a ese cristiano.»

Y se puso a husmear y a buscar por todos los rincones. Llegó a la pila de helechos, y apartó algunos, pero nuestro Petit Perroquet estaba oculto en el mismo fondo. El Tártaro estaba ya a punto de dar con él cuando se cansó de buscar y volvió a la casa, y empezó a comer y beber como una bestia. Entonces, Petit Perroquet salió de su escondrijo y se deslizó hasta el establo. El caballo del Tártaro tenía un enorme cascabel en torno al cuello (tan grande como la campana de la iglesia de San Juan de Luz), pero Petit Perroquet lo rellenó con helechos, saltó a su grupa y partió, y en seguida llegó al transbordador. El barquero salió a recibirle, y entre los dos metieron como pudieron al caballo en la barca y cruzaron el río. Perroquet recompensó generosamente al barquero, pero apenas habían alcanzado la orilla, cuando apareció el Tártaro gritándole que le devolviese su caballo, y que a cambio le daría lo que pidiese. «¡No!», replicó Perroquet, y se alejó al galope. Al acercarse al palacio real sacó los helechos del cascabel, y todo el mundo corrió a las ventanas o a la calle a ver qué pasaba. Quedaron atónitos al ver regresar a Petit Perroquet.

El rey parecía extasiado. No sabía qué decir, y su estima por Perroquet aumentó aún más, e igual le ocurrió a la princesa. Mas el príncipe no estaba precisamente contento y comenzó a maquinar otro plan. Marchó a ver al rey y le dijo:

«¿No sabes que Petit Perroquet dice que podría traer el diamante del Tártaro?»

El rey manda llamar a Perroquet y le pregunta:

«¿Es cierto que dices que puedes conseguir el diamante del Tártaro?»

«Ciertamente, yo no he dicho tal cosa.»

«¡Sí, sí que lo has dicho!»

«¡No, no! No lo he dicho, pero intentaré hacerlo si me das todo lo que te pida.»

Y le pidió al rey una gran suma de dinero.

Partió nuevamente, y llegó al transbordador y le pagó bien al barquero, y siguió adelante, a través del bosque, hasta que llegó a la morada del Tártaro. La anciana le aconsejó que se marchase, y Perroquet se ocultó nuevamente bajo los helechos, y allí permaneció hasta que llegó el Tártaro, tal y como lo había hecho en la anterior ocasión. Y el Tártaro buscó y removió entre los helechos hasta casi descubrirle. Perroquet aguardó mientras el Tártaro devoraba su enorme cena, y cuando calculó que habría acabado y estaría echándose un sueñecito, salió de su escondrijo muy, muy despacito. El Tártaro guardaba siempre el diamante bajo la almohada; Perroquet lo cogió sin despertarle y escapó todo lo deprisa que sus piernas le permitían. Llegó hasta el barquero, cruzó el río y le pagó generosamente. Una vez más el Tártaro apareció en la otra orilla, gritándole que le devolviese el diamante, y que a cambio le daría cuanto desease. «¡No, no!», respondió Perroquet, y marchó corriendo al palacio real.

El rey no sabía verdaderamente qué hacer cuando le vio regresar. Se dieron dos fiestas en su honor, y todos hablaban de él y le querían más que antes, y la princesa también, como los demás. El malvado príncipe no sabía qué hacer. Los celos le carcomían, y pensó otra treta, y le dijo al rey:

«Petit Perroquet dice que es capaz de traerse al Tártaro aquí.»

El rey hizo llamar a Perroquet y le inquirió:

«Parece que has dicho que puedes traer al Tártaro en persona.»

«No, no. Yo no he dicho nada semejante, pero si me das cuanto te pida, lo intentaré. Debes conseguirme un carruaje de hierro con barrotes de medio metro de grueso, y tres caballos para tirar de él, y montones de dinero. Cuando todo esté listo, partiré.»

También pidió un barril de miel, otro de plumas y dos cuernos, y partió en busca del Tártaro.

Cuando llegó al transbordador no fue cosa fácil embarcar el carruaje en el bote. Nada más cruzar al otro lado, se metió en el barril de miel, después en el de plumas, y después se ató los cuernos a la cabeza y montó a lomos de uno de los caballos del carruaje. Llegó a la casa del Tártaro, y llamó a la puerta. El Tártaro mismo fue a abrir, y exclamó:

«¿Quién eres tú?»

«¿Yo? ¡Yo soy el más viejo de los diablos del infierno!»

Y abrió la puerta del carruaje y ordenó al Tártaro: «¡Métete ahí!»

El Tártaro entró en el carruaje y Petit Perroquet, muy contento, se puso en camino y llegó al transbordador. Cruzó lo mejor que pudo, con carro y caballos, pagó generosamente al barquero y llegó al palacio del rey. Todos quedaron aterrorizados al ver que traía al Tártaro consigo, trataron de matarle con un cañón, pero el Tártaro cogía las balas y las devolvía como si fuesen pelotas, así que tuvieron que acabar con él con otras armas.

Y como Petit Perroquet se lo había ganado y bien, le entregaron a la princesa en matrimonio. Perroquet hizo traer a su madre a la corte, y vivieron bien, y por ello murieron felices.

PIERRE BERTRAND

II. EL HEREN-SUGE - LA SERPIENTE DE SIETE CABEZAS

Sería únicamente sustituir un buen trabajo por uno malo intentar reescribir el exhaustivo ensayo que, bajo el encabezamiento de «San Jorge», aparece en la obra «Curious Myths of the Middle Ages,» *de Baring Gould. En él el autor le sigue la pista al mito atmosférico en el que el Dragón es la nube de la tormenta, la Virgen es la tierra y el Héroe el sol, a través de todas las variantes de la gran leyenda aria, en la mitología india, egipcia, fenicia, itálica, celta, teutona y escandinava. Gould demuestra que fue únicamente debido a una metáfora erróneamente interpretada por lo que San Jorge llegó a obtener el lugar y las glorias del héroe solar (1), y que Inglaterra simplemente siguió la estela de otros países al hacerle su santo y patrono nacional.*

Nos limitaremos, por tanto, a examinar brevemente las variantes vasca y pirenaica de este extendido mito. M. Cerquand sitúa atrevidamente una variante de esta historia —vinculada a la casa de

---

(1) Uno de los más extraños ejemplos de metáforas erróneamente interpretadas que conocemos aparece en «*Le Vie de St. Savin. par J. Abbadie, Curé de la Paroisse*» (Tarbes, 1861). Traducimos del latín: «Intoxicado de amor divino, guardaba vigilia según su costumbre, y al no poder hallar luz en parte alguna, dio luz a sus ojos de la que guardaba en su pecho. La pequeña vela así prendida duró toda la noche, y llegó hasta el amanecer sin extinguirse».

Belzunce— entre las leyendas históricas. Pero la historia de Belzunce y el Dragón guarda la misma relación con el mito original que la que tiene Guy, Conde de Warwick, Moro del Moor Hall, y varias docenas más de otros héroes. En una versión vasca recogida por nosotros, las palabras finales del relato muestran que se trata simplemente de una leyenda epónima, en lo que respecta al nombre, «y de ahí es de donde viene el nombre de Belzunce». La más antigua versión pirenaica que nosotros conocemos es la «Serpiente de Isabit», de la que presentamos un breve resumen de memoria, tal y como la escuchamos y leímos en Bagnères de Bigorres.

La serpiente descansaba su cabeza en la cima del Pic du Midi de Bigorre, con el cuello estirado hacia Barèges, mientras que el cuerpo ocupaba por completo el valle de Luz, St. Sauveur, y la cola estaba enrrollada en la hondonada situada bajo el circo de Gavarnie. Se alimentaba solamente una vez cada tres meses, de lo contrario habría asolado el país entero. Con su fuerte inspiración arrastraba a su enorme buche a rebaños enteros de ovejas, cabras y bueyes, a mujeres, hombres y niños, poblados enteros, de un sólo golpe. Se encontraba dormida e inerte tras tan magnífico banquete, cuando se reunió en asamblea toda la población masculina de unos cuantos valles, para decidir qué podía hacerse. Tras un debate largo e infructuoso, un anciano se levantó y habló:

«Nos quedan casi tres meses hasta que vuelva a despertarse. Talemos todos los bosques de las colinas del lado opuesto, traigamos todas las fraguas y todo el hierro que tengamos, y mezclémoslo con la madera cortada en un amasijo que pondremos al rojo vivo. Después nos ocultamos tras las rocas y hacemos todo el ruido que podamos para despertar al monstruo.» Así lo dijo, y así se hizo. La serpiente se despertó hecha una furia, pues habían interrumpido su sueño, vio algo brillante al otro lado del valle, inspiró profundamente y la masa de hierro y de madera al rojo voló por el valle con el rugido de un trueno hasta la garganta del monstruo. Y después, ¡qué convulsiones! Las rocas se abrieron en dos, las montañas se hicieron pedazos, y los glaciares quedaron reducidos a polvo por las contorsiones y coletazos del monstruo agonizante, que descendió al valle y bebió todos los ríos desde Gavarnie hasta Pierrefitte para aplacar la mortífera sed. Por último, en su última convulsión, se arrojó de espaldas sobre la ladera de la colina y expiró. Su cabeza quedó en una profunda hondonada, y a medida que el fuego de su cuerpo se enfriaba, todo el agua que había engullido salió de su boca y formó el actual Lac d'Isabit.

En la leyenda presentada por M. Cerquand sobre el Dragón de Alcay, una piel de vaca rellena de pólvora reemplaza al amasijo de madera y hierro. En todas las leyendas vascas de este tipo el héroe muere.

Pero estas leyendas difieren ampliamente de los cuentos que a continuación aparecen: no hay en ellos princesa que rescatar, ni carbonero, ni matrimonio, ni otras maravillas semejantes. Si no fuese por su sorprendente parecido con los cuentos gaélicos, sospecharíamos que son simplemente traducciones de alguna variante francesa de la leyenda de San Jorge. Como señalamos anteriormente, el Heren-Suge, igual que las cobras del Decan, tiene siempre siete cabezas. Es curioso también que la princesa siempre se comporte de forma tan «caballerosa»: «Es suficiente con que muera uno.» Y también lo es la reunión en un mismo relato del Tártaro y el Heren-Suge.

EL TARTARO AGRADECIDO Y EL HEREN-SUGE

Como muchos de nosotros que somos, hemos sido y seremos, había una vez un rey, que vivía con su esposa y sus tres hijos. Un día, el rey salió de caza y atrapó a un Tártaro. Lo llevó a casa, lo encerró en el establo y convocó a toda su corte para el día siguiente, anunciándoles que les daría una gran cena y que después les mostraría un animal como jamás habían visto otro.

Llegó el día del banquete, y dos de los hijos del rey jugaban al frontón en la pared del establo donde guardaban al Tártaro, y la pelota se coló dentro. Uno de los chicos se acercó y le dijo al monstruo:

«Devuélveme la pelota, te lo ruego.»

«Lo haré si me liberas.»

«Sí, sí», respondió el chico, y el Tártaro le arrojó la pelota. Al poco rato la pelota vuelve a colarse y se repite la escena. El chico se la pide y el Tártaro le responde:

«Si me liberas te la devolveré.»

«Sí, sí», contesta el muchacho, y coge la pelota y se marcha. Por tercera vez la pelota vuelve a manos del monstruo, que decide entonces no devolverla hasta verse en libertad. El chico le dice que no tiene la llave del establo, y el Tártaro le responde:

«Ve a donde esté tu madre y dile que te mire el oído derecho, que te duele por algo que se te ha metido. Tu madre tendrá la llave guardada en el bolsillo izquierdo, así que sólo tendrás que cogerla.»

El chico hizo tal y como le habían dicho, le quitó la llave a su madre y liberó al Tártaro. Cuando ya se marchaba le preguntó:

«¿Y qué hago ahora con la llave? Estoy perdido.»

«Vuelve a donde esté tu madre y dile que te mire el oído izquierdo, que te duele, y aprovecha para meterle la llave en el bolsillo.»

El Tártaro le dijo también que pronto le necesitaría, y que sólo tendría que llamarle y sería su servidor para siempre.

El chaval devolvió la llave a su sitio, y llegaron todos los invitados a la cena. Cuando terminaron el rey les pidió que le acompañasen pues iba a mostrarles aquel ser tan curioso; pero al llegar al establo lo hallaron vacío. Imagínense la ira y la vergüenza del rey. «Desearía comerme el corazón medio crudo y sin sal del que ha dejado escapar a mi bestia», dijo.

Poco tiempo después, dos de los hermanos estaban peleándose en presencia de la madre, y uno de ellos le dijo al otro:

«Le voy a contar a nuestro padre el asunto del Tártaro.»

Cuando la madre oyó aquello, temió por su hijo y le dijo:

«Coge todo el dinero que quieras», y le dio además la

Flor de Lis (2). «Con esto serás reconocido en todas partes como el hijo del rey.»

Petit Yorge (3) partió muy, muy lejos, hasta que gastó y despilfarró todo su dinero, y no supo qué hacer. Se acordó entonces del Tártaro y le llamó, y cuando llegó le contó todas sus penas: que no le quedaba ni un céntimo, y que no sabía qué iba a ser de él. El Tártaro le respondió:

«Sigue adelante y enseguida encontrarás una ciudad. Vive allí un rey, ve a su casa y pídele que te acoja como jardinero. Arranca cuantas plantas haya en el jardín, y al día siguiente todas habrán vuelto a brotar más hermosas que antes. Saldrán también tres flores, llévaselas a las tres hijas del rey y entrégale la más hermosa a la más joven de las tres (4).»

Petit Yorge siguió su camino, llegó a la ciudad y tal como el Tártaro le había aconsejado, preguntó si necesitaban un jardinero. «Sí, sí, nos hace mucha falta», le respondieron. Fue al jardín y arrancó las finas coles y los hermosos puerros. La más joven de las hijas del rey le vio y fue a decírselo a su padre. El rey le respondió: «Dejémosle y veamos qué hace después.» Y al día siguiente el rey descubrió en el jardín coles y puerros como nunca antes había visto. Petit Yorge les llevó las flores a cada una de las jóvenes damas, y la mayor dijo:

«Tengo una flor que me ha traído el jardinero que no tiene igual en todo el mundo.»

La segunda dijo que también ella tenía una, tan hermosa como nadie hubiese visto otra jamás. Pero la más joven dijo que la suya era aun más hermosa que las otras, y las dos hermanas tuvieron que admitirlo. Además a la más pequeña le gustaba bastante el jardinero, y todos los días acostumbraba a llevarle la cena. Pasado un tiempo, le dijo:

«Debes casarte conmigo.»

«Eso es imposible», respondió él. «Al rey no le agradaría ese matrimonio.»

---

(2) Nuestro narrador suponía que esta Flor de Lis era alguna marca tatuada o impresa en el pecho de todos los hijos de rey.

(3) Se trata, por supuesto, del «Pequeño Jorge», y ello nos hace sospechar que el cuento entero ha sido tomado del francés, aunque es posible que sólo se hayan tomado los nombres y algunos de los incidentes.

(4) Véase «*Ezkabi Fidel*», pág 117.

«Bueno, de cualquier modo no merece la pena. Dentro de ocho días la serpiente me comerá», añadió la princesa.

Durante los ochos días siguientes siguió llevándole la cena, y la octava noche le dijo que era la última vez que lo hacía. El joven le respondió que no, que volvería a hacerlo, que alguien la ayudaría.

A la mañana siguiente, Petit Yorge abandonó el palacio a las ocho en punto y fue en busca del Tártaro. Le contó lo que había ocurrido, y el Tártaro le entregó un bonito caballo, un hermoso traje y una espada, y le dijo que fuese a cierto lugar, que abriese la puerta del carruaje real con la espada, y que le cortaría a la serpiente dos de sus cabezas. Marchó Petit Yorge al lugar indicado, y halló allí a la joven dama dentro del carruaje. Le pidió que abriese la puerta, y ella le respondió que no podía, que había siete puertas y que mejor haría en marcharse, pues con una persona que devorase la serpiente ya era suficiente.

Petit Yorge abrió entonces las siete puertas con su espada, se sentó junto a la joven y le dijo que le dolía un oído, que por favor se lo mirase. Cuando estaba haciéndolo, le cortó siete pedazos de los siete vestidos que llevaba sin que ella lo advirtiese (5). Entonces llegó la serpiente, y dijo: «En vez de a uno tengo a tres para comerme.» Petit Yorge saltó sobre su caballo y le respondió: «No tocarás ni a uno sólo, no nos tendrás a ninguno de nosotros», y comenzaron a pelear. Petit Yorge le cortó una de las cabezas con su espada, y su caballo otra con las patas (6), y la serpiente pidió una tregua hasta el día siguiente. Partía ya Petit Yorge, cuando

---

(5) En «*El cuento de la Sirena*», de Campbell, en vez de mirarle el oído, la hija del rey le coloca dos de sus pendientes para despertarle los dos últimos días, y es gracias a ellos y a su anillo que puede después reconocerle, y no a los pedazos de vestido y las lenguas de la serpiente, como ocurre en esta historia.

(6) Campbell, Vol. I, lxxxvii, 8, tiene algunos comentarios valiosos sobre las leyendas celtas que demuestran que éstos eran un pueblo amante de los caballos, no del mar; un pueblo de cazadores y pastores, no de marineros. Ocurre exactamente lo contrario en estos cuentos vascos. El lector observará que los barcos no juegan ningún papel extraordinario, mientras que los caballos se comportan de forma excepcional. Y viceversa en los cuentos gaélicos, incluso cuando las leyendas son idénticas en muchos detalles.

la joven, llena de alegría, le rogó que volviese con ella a su hogar. Petit Yorge le dijo que no iría de ningún modo, que no podía, pues había hecho juramento de ir a Roma, pero que «mañana vendrá mi hermano y también el podrá hacer algo por ti.» La joven regresó al palacio y Petit Yorge al jardín. Al caer la noche, fue a llevarle la cena, y Petit Yorge le dijo:

«Ya ves que ha ocurrido lo que yo te había dicho. La serpiente no te ha devorado.»

«No, pero mañana lo hará. ¿Acaso puede ser de otro modo?»

«¡No, no! Mañana volverás a traerme la cena. Alguien te ayudará.»

A la mañana siguiente, a los ocho en punto Petit Yorge salió en busca del Tártaro, que le dio otro caballo, un traje diferente y una magnífica espada. A las diez Petit Yorge llegó al lugar en que se encontraba la dama, y le rogó que abriese la puerta, pero ella respondió que de ningún modo podía abrir catorce puertas, y que por tanto él debía marcharse, que ya era suficiente con que la serpiente devorase a uno, y que le dolía mucho verle allí.

Petit Yorge tocó entonces las puertas con su espada, y las catorce se abrieron de golpe. Se sentó junto a la joven y le rogó que le mirase detrás de la oreja, porque le dolía. Mientras lo hacía, cortó catorce pedazos de los catorce vestidos que llevaba la princesa, y nada más hacerlo apareció la serpiente. «No me comeré a uno, sino a tres», dijo alegremente.

«A ninguno de nosotros», le respondió Petit Yorge, y saltó sobre su caballo y comenzó a pelear con el monstruo. Tras una larga lucha Petit Yorge resultó vencedor, y cortó otra cabeza, e igual hizo su caballo. La serpiente entonces pidió tregua hasta el día siguiente, Petit Yorge se la concedió y el monstruo se marchó.

Otra vez la princesa quería llevar a Petit Yorge a su casa y presentárselo a su padre, y nuevamente él respondió que no podía ir de ningún modo, que debía ir a Roma y salir aquel mismo día, pues había hecho una promesa, pero que mañana enviaría a su primo que era muy osado y no temía a nada ni a nadie.

La princesa volvió al palacio y Petit Yorge a su jardín. El rey estaba encantado, aunque no podía comprender nada. A la noche la joven fue con la cena a ver al jardinero, y éste le dijo:

«Has vuelto hoy, tal y como yo te había dicho. Mañana vendrás también.»

«Me alegraría mucho poder hacerlo», respondió ella.

A la mañana siguiente, a las ocho en punto Petit Yorge fue a llamar al Tártaro, y le dijo que todavía le quedaban tres cabezas a la serpiente, y aún necesitaba su ayuda. El Tártaro le contestó: «Tranquilo, tranquilo, le vencerás», y le dio otro traje aún más fino que los otros, otro caballo aún más fogoso, un perro terrible, una espada y una botella de agua perfumada, y le dijo:

«La serpiente te dirá: «¡Ay, si solamente tuviese una brasa entre mi cabeza y mi cola, os abrasaría a tí, a tu dama, a tu caballo y a tu perro.» Y tu le responderás: «Si yo tuviese un buen agua perfumada para poder aspirar, te cortaría una cabeza, mi caballo otra y mi perro otra.» Tú previamente le habrás entregado la botella a la joven, ella la guardará en su regazo y en el momento mismo que hayas dicho eso, te arrojará un poco del agua perfumada a la cara, y otro poco al caballo y al perro.»

Marchó entonces Petit Yorge sin ningún temor, pues el Tártaro le había dado su palabra de que así ocurriría, y llegó al carruaje de la princesa, que al verle le dijo:

«¿Pero dónde vas? La serpiente está a punto de llegar, y ya es bastante con que me coma a mí.»

«Abre la puerta», respondió, pero la joven le aseguró que era imposible, pues había no una sino veintiuna puertas. En ese momento Petit Yorge las tocó con su espada y se abrieron por sí mismas; entonces le dio la botella a la joven y le dijo:

«Cuando la serpiente diga: "¡Con una brasa que tuviese entre la cabeza y la cola, os abrasaría!", yo le responderé: "Si tuviese una gota del agua perfumada bajo mi nariz...";

inmeditamente tú cogerás la botella y me echarás un poco de agua encima.»

Le pidió entonces mirarle la oreja, y mientras lo hacía, cortó veintiún pedazos de los veintiún vestidos que ella llevaba puestos. En aquel mismo instante llegó la serpiente:

«En vez de uno tengo a cuatro para comerme», dijo alegremente.

«No nos tocarás a ningunos de nosotros», le respondió el joven, y saltó sobre el fogoso caballo y comenzaron a pelear con más fiereza que nunca. El caballo saltó tan alto como una casa, y la serpiente, enfurecida, exclamó:

«¡Ay! ¡Con una sola brasa que tuviese entre la cabeza y la cola, os abrasaría a tí y a tu dama, al caballo y al perro!»

«Si yo tuviese un poco de agua perfumada bajo la nariz, te cortaría una cabeza, mi caballo otra y el perro otra», respondió Petit Yorge, y entonces la princesa se puso en pie de un salto, abrió la botella y arrojó el agua justo donde hacía falta. El joven cortó una cabeza de la serpiente con la espada, el caballo otra y el perro la última, y acabaron así con el monstruo. Petit Yorge se quedó con las siete lenguas, y tiró las cabezas. Imagináos la alegría de la princesa: quería ir directamente a su padre a presentarle a su salvador, para que también él le diese las gracias, y le entregase a su hija en matrimonio. Pero el joven volvió a responder que le era imposible ir, que debía marchar para Roma y buscar a su primo allí, que habían hecho una promesa y que a la vuelta irían a casa de su padre el rey.

La princesa se enfadó mucho, pero partió en seguida a contarle a su padre lo que había pasado. El rey se alegró mucho de que hubiesen por fin acabado por completo con la serpiente, e hizo saber por todo el país que aquel que la hubiese matado debía presentarse ante él con pruebas de su hazaña.

Por la noche, la joven volvió a llevarle la cena al jardinero. «¿Ya ves que te dije la verdad, que no serías devorada? Alguien ha acabado entonces con la serpiente, ¿no es así?» Y ella le relató lo que había ocurrido.

Pero he aquí que pocos días después apareció un carbonero que afirmaba haber matado al monstruo, y reclamaba su recompensa. Cuando la joven le vio dijo que con toda seguridad no se trataba del mismo hombre, que su salvador había sido un elegante caballero que montaba a caballo, y no una peste de hombre como aquel. Entonces el carbonero mostró las cabezas de la serpiente, y el rey dijo que ciertamente aquel debía ser el hombre, y que lo único que le quedaba por añadir era que la princesa *debía* casarse con él. La joven respondió que jamás lo haría, pero el rey empezó a presionarla diciéndole que ningún otro se presentaba. Mas como ella no consentía en la boda, el rey, para ganar tiempo, anunció por todo el país que aquel que hubiese matado a la serpiente también sería capaz de otra hazaña. Convocó para cierto día a todos los jóvenes del país y explicó que colgaría un anillo de diamantes de una campana, y aquel que al galope consiguiese atravesar el anillo con su espada recibiría a su hija en recompensa (7).

Llegaron jóvenes de todo el país, y nuestro Petit Yorge fue a ver al Tártaro, le contó lo que pasaba y nuevamente le pidió ayuda. El Tártaro le entregó un hermoso caballo, un espléndido traje y una magnífica espada. Así equipado, el joven se reunió con los demás, y cuanto estaba ya listo para competir, la joven princesa le reconoció y fue a decírselo a su padre. Petit Yorge tuvo la fortuna de llevarse el anillo con la espada, mas en vez de detenerse siguió galopando tan rápido como le permitía su montura. El rey y su hija, que observaban a los contendientes desde un balcón, le vieron alejarse y la joven suplicó a su padre:

«¡Papá, llámale.»

«Si se marcha, no parece que tenga muchos deseos de

---

(7) Este es un juego mucho mejor que el ordinario de atacar el anillo con una lanza, y constituye además una prueba mucho más severa de maestría para un jinete. Se suspende el anillo, un anillo de mujer común, de un hilo atado a un travesaño, a una altura tal que un hombre pueda alcanzarlo levantándose sobre los estribos. Aquel que, partiendo al galope desde un punto determinado, sea capaz de hacer pasar una púa de puercoespín o una paja a través del anillo y llevárselo de este modo, se convierte en dueño del mismo. Hemos visto este juego en Montevideo, en Sudamérica, e incluso los gauchos lo consideraban una severa prueba de maestría para el jinete. Parece que antiguamente se suspendía el anillo del badajo de una campana, que comenzaría por tanto a tañir al ser arrancado el anillo. La espada era, por supuesto, el mejor instrumento para ello.

tenerte», respondió el rey, enfadado, y arrojó una lanza contra el jinete, hiriéndole en un pierna. Pero Petit Yorge siguió cabalgando ¡Imagínense la decepción de la joven dama!

Al día siguiente, la princesita fue a llevarle la cena al jardinero, y observó que tenía una pierna vendada. Comenzó a sospechar algo, y corrió a contárselo a su padre y a pedirle que fuese él a preguntarle qué le había pasado, pues a ella le decía que no era nada. El rey no quería ir, y le dijo que ella misma debía sonsacárselo, mas para complacerla, finalmente accedió. Fue, pues, y le preguntó: «¿Qué te ha pasado?» El jardinero le respondió que se había clavado una espina de endrino, pero el rey se irritó, «No hay ninguna endrina en este jardín, estás mintiéndome.»

«Dile que nos enseñe la herida», le apremió su hija.

Así lo hizo, y se quedaron como petrificados al ver que todavía estaba allí la punta de la lanza. El rey no sabía qué pensar: el jardinero le había engañado, y a pesar de ello él debía entregarle a su hija. Entonces, Petit Yorge descubrió su pecho y les mostró la Flor de Lis que llevaba tatuada. El rey estaba perplejo, y su hija le dijo: «Este es mi salvador, y no me casaré con otro que no sea él.»

Petit Yorge pidió al rey que mandase llamar a cinco sastres, los mejores de la ciudad, y a cinco carniceros. Cuando llegaron los primeros, Petit Yorge les preguntó si alguna vez habían hecho algún vestido al que le faltase un pedazo. «No», le respondieron, y Petit Yorge sacó los pedacitos de tela que había cortado de los vestidos de la princesa, y les preguntó si era así como los habían entregado. «No, desde luego», respondieron.

Fue después a ver a los carniceros: ¿habían matado alguna vez animales sin lengua? «¡No!» Les dijo entonces que mirasen las cabezas de las serpientes: no había lenguas allí, y Petit Yorge mostró entonces las que se había guardado. Nada tenía ya que decir el rey, y le entregó a su hija, y Petit Yorge le pidió que invitase a su padre y que le sirviesen en la cena un corzón de oveja, semicrudo y sin sal.

Celebraron una gran fiesta e hicieron tal y como Petit Yorge les había dicho. Cuando su padre vio que tenía que trinchar el corazón él mismo, se indignó, y su hijo le dijo:

«Esperaba esto. ¡Ah, mi pobre padre! ¿Has olvidado que dijiste querer comerte el corazón del que dejó marchar al Tártaro, medio crudo y sin sal? Ese no es mi corazón, sino el de una oveja, pero he hecho esto para refrescar tu memoria y hacer que me reconocieses.»

Se abrazaron y Petit Yorge le contó lo mucho que el Tártaro le había ayudado. Su padre regresó contento a su hogar, y Petit Yorge vivió muy feliz con su joven princesa. Y nada les faltaba, pues siempre tuvieron al Tártaro a su servicio.

LAURENTINE

En otra variante de este cuento, que aparece en la narración de Mariño Amyot, de St. Jean Pied de Port, el joven príncipe, que está trabajando de pastor, mata con un martillo a tres Tártaros tras jugar con ellos a las cartas; encuentra en sus casas todos sus tesoros y caballos, barriles llenos de oro y plata y otras cosas por el estilo, y también tres «olanos», *a los que se describe como «animales al servicio del Tártaro, parecidos a los perros pero mucho más grandes y terribles, aunque más inteligentes y capaces de cumplir cualquier encargo». El príncipe mata a la serpiente con la ayuda de los* «olanos», *y la princesa le ayuda golpeando la cola del monstruo con una espada (8), en vez de arrojándole el «agua dulcemente perfumada». El* «olano» *roba entonces platos de la mesa del rey y se los entrega al príncipe. Llega el carbonero, pero finalmente el joven muestra las lenguas y los pedazos de tela, y todo termina felizmente para todos excepto para el carbonero, al que ponen encima de siete barriles de pólvora, les pegan fuego y nadie vuelve a verle nunca más.*

LA SERPIENTE DE SIETE CABEZAS

Erase una vez una madre como tantas otras en el mundo, que vivía con sus tres hijos. Un día el mayor de todos

(8) Uno de los presentes interrumpió en ese momento el relato: «¿Para qué golpeó a la serpiente en la cola?» «Bueno, para matarla, desde luego», fue la respuesta del narrador. «Pregúntale a Mr. Webster si no se mata a las serpientes golpeándolas en la cola», añadió.

le dijo que quería viajar de país en país hasta encontrar trabajo como sirviente, y que le diese un pastel. Partió, y cuando atravesaba un bosque encontró a una anciana que le pidió un bocado (9). «¡No!», respondió él, «prefiero arrojarlo antes al barro». Y le preguntó después si sabía de algún sitio donde necesitasen un sirviente. «No», contestó la anciana. Siguió el joven su camino, atravesando bosque tras bosque hasta que la noche cayó sobre él. Entonces apareció un oso:

«¡Hormiga insignificante! ¿Quién te ha dado permiso para venir aquí?», le preguntó el animal.

«¿Y quién tiene que dármelo? Yo mismo me lo he tomado.»

Y el oso lo devoró.

También el segundo hijo le pidió a su madre que le hiciese un pastel, pues quería ir a buscar trabajo de sirviente, como su hermano. Dióselo su madre, y partió, y encontró a una anciana: «Dame un poco de tu pastel», le pidió la mujer.

«Antes lo arrojaría a este lozadal que dártelo a tí», respondió él. «¿Sabes de algún sitio donde necesiten un sirviente?»

«No», replicó la anciana, y el joven siguió su camino, internándose en el bosque hasta que se topó con un enorme oso.

«¡Hormiga insignificante! ¿Quién te ha dado permiso para venir aquí?» rugió la bestia.

«¿Y quién tendría que dármelo? Me lo he concedido yo mismo.»

Y el oso lo devoró.

El más pequeño de los hijos le pidió también a su madre que le diese un pastel, pues quería marchar igual que sus hermanos. Partió, y caminó largo tiempo hasta que encontró a una anciana.

«¿Hacia dónde te diriges?», le preguntó ésta.

«Busco trabajo como sirviente.»

«Dame un pedacito de tu pastel.»

«¡Toma! Cógelo todo si quieres.»

---

(9) Recuerdo vagamente haber leído algo muy parecido a esto en un cuento eslavo o dálmata.

«¡No, no! Con un poquito me basta.»

El joven le preguntó entonces si conocía algún lugar en que necesitasen un criado. «Sí», respondió la anciana. «Hallarás uno mucho más allá del bosque, pero encontrarás antes un enemigo. Toma este palo, sólo con tocarle con él, lo matarás (10).»

Continuó el joven su camino, hasta que llegó hasta él un oso.

«¡Hormiga insignificante! ¿Quién te ha dado permiso para venir aquí?»

«¿Que quién me lo ha dado? Yo mismo», y golpeó al oso con la vara.

«¡Ten piedad de mí! ¡Ten piedad de mí!», aulló el animal.

«Dime, ¿cuántos sois allí donde vives?»

«Siete», respondió el oso, y el joven le golpeó nuevamente, y cayó fulminado.

Siguió adelante, y encontróse con un palacio. Entró y preguntó: «¿Necesitáis un sirviente?» «Sí, sí», le respondieron. «Nuestro pastor acaba de dejarnos, y necesitamos uno.»

Le mandaron a la cama, y al día siguiente le entregaron un buen rebaño de ovejas, advirtiéndole que no fuese a la montaña, pues estaba infestada de animales salvajes, y que tuviese mucho cuidado, que las ovejas siempre tiraban para allá. Partió, pues, con el rebaño y todos los animales corrieron hacia el monte, que ofrecía un pasto muy apetitoso. Afortunadamente nuestro pastor no había olvidado coger su palo, pues apareció ante él un enorme oso.

«¿Quién te ha dado permiso para venir aquí?»

«Yo mismo me lo he tomado.»

«Tengo que comerte», y empezó a aproximarse al pastor, pero éste le golpeó con su vara. «¡Ay, ay, ay! ¡Ten piedad de mí!» gritó la bestia.

«Dime entonces cuántos sois allá donde vives.»

«Eramos siete ayer, pero hoy quedamos solamente seis.»

Y el pastor volvió a pegarle con el palo, y cayó muerto. Lo escondió lo mejor que pudo en un seto y regresó a la

(10) Este incidente aparece en un cuento traducido por Chambers, titulado «*Rouge Etin*», que aparece en los «*Contes de la Grande Bretagne*», de Bruyere, pág 64. Véanse las notas *ad hoc*.

casa con las ovejas bien alimentadas. Esa noche dieron mucha leche, con la que hizo unos quesos excelentes (11). Los señores de la casa estaban encantados con él. Al día siguiente partió de nuevo, y nada más abrir la puerta del establo, las ovejas salieron como una flecha hacia los finos pastos. Una vez más aparece un oso, vuelve a preguntarle lo que hacía en aquel lugar, y nuestro pastor le golpea ligeramente con su vara.

«¡Ay! ¡Ay! ¡Ay! ¡Ten piedad de mí!», grita el animal.

«¿Cuántos sois allá donde vives?»

«Éramos siete, pero ahora quedamos cinco.»

Y con un ligero toque de su vara, acabó con el oso que cayó tieso como un palo. Así fue matando a todos, y cuando vio llegar al último, no pudo evitar un escalofrío ante una bestia tan terrible como aquella que avanzaba arrastrándose, tan viejo era.

«¿Por qué has venido a esta parte del mundo?», inquirió la bestia.

Y en ese mismo instante el pastor le golpeó suavemente con la vara, y el oso empezó a gritar, pidiéndole que tuviese piedad de él, que le daría grandes riquezas y que vivirían juntos. El joven le perdonó la vida, mandó a las ovejas de vuelta a casa y partió con el oso. Atravesaron muchos cercados, y también los «agujeros de las hadas» (12) hasta llegar a un bello palacio. Allí encontraron la mesa puesta con toda clase de comidas y bebidas, criados a su servicio y caballos ensillados con arreos de oro y plata. No había sino riquezas allí. Tras pasar unos días en aquel lugar, nuestro pastor se preguntó qué le impedía convertirse en el único dueño y señor de toda aquella fortuna, así que le dio un golpecito al oso con su vara y lo mató.

Se vistió después con espléndidos ropajes, montó un caballo y viajó de país en país hasta que llegó a una ciudad

---

(11) En los Pirineos se ordeña a las ovejas, y con la leche se fabrica o queso o «*caillé*», una especie de crema cuajada. Las ovejas que se han de ordeñar son a menudo guardadas en un establo o en un redil durante la noche.

(12) Ver la introducción a los «*Cuentos del Lamiñak*», en la que se habla de estos «agujeros de las hadas».

en la que tañían todas las campanas, dilín-don, dilín-don, y todo el mundo parecía muy excitado. «¿Qué pasa aquí?», preguntó, y le contaron que había en la montaña una serpiente de siete cabezas a la que debían entregar una persona cada día. Echaban a suertes para designar a la víctima, y le había tocado a la hija del rey; por ello estaban todos compungidos. En aquel momento marchaban, con el rey a la cabeza, acompañando a la princesa a la montaña. Al llegar al pie de ésta, la abandonaron, y la joven siguió en solitario hacia la cima. El joven fue tras ella.

«Te acompaño», le dijo.

«Vuelve, te lo ruego. No quiero que arriesgues tu vida por mí», respondió la princesa.

«No temas por mi suerte. Tengo un hechizo de poder», contestó él.

En ese momento, escucharon un siseo fuera de lo común, y apareció la serpiente rápida como un rayo. Mas como el joven llevaba su varita, le dio un golpecito en cada una de sus cabezas, y una por una fueron cayendo al suelo; así la princesa fue salvada.

Para ir a la montaña, la joven se había vestido con sus mejores galas. Llevaba puestos nada menos que siete vestidos.

El muchacho cortó un pedacito de cada uno de ellos, cogió las lenguas de las siete cabezas y lo guardó todo entre telitas de seda. Montó a la princesa en el caballo y descendió la montaña. La joven regresó al palacio de su padre y nuestro caballero a la morada del oso.

La noticia de que habían matado a la serpiente de siete cabezas corrió como la pólvora, y el rey prometió entregar a su hija y la mitad de su reino al autor de semejante hazaña. Poco después tres carboneros que pasaban por el monte vieron el cuerpo de la serpiente, cogieron las cabezas y fueron a pedirle al rey la recompensa. Pero había un problema: eran tres, así que los despacharon hasta que se reuniese el consejo, y de paso hacían tiempo por si aparecía algún otro. Nadie más lo hizo, y decidieron echar a suertes cuál de los tres sería el marido de la princesa. El día mismo del sorteo, llegó nuestro caballero a la ciudad, que era presa de un tremendo revuelo. «¿Qué ocurre?», preguntó, y le contaron lo que iba a acontecer. Con su espléndido traje y un magnífico caballo, nuestro hombre solicitó ver al rey, que le recibió inmediatamente al saber de su aspecto.

El joven preguntó entonces si las siete cabezas tenían la lengua: mas no pudieron encontrarlas; entonces él las sacó para mostrarlas públicamente. Después pidió que trajesen los siete vestidos de la princesa, y mostró los siete pedacitos que faltaban.

«¡Este es el auténtico salvador de nuestra princesa!», exclamaron al ver aquellas pruebas.

Y los dos jóvenes se casaron. En cuanto a los tres carboneros, los recubrieron de azufre y los quemaron vivos en la plaza del mercado.

El caballero y la princesa vivieron felices, a veces en el palacio real, y otras en la morada del oso. Y como habían vivido bien, murieron bien también. Entonces yo estaba allí, aunque ahora esté aquí.

El siguiente relato nos muestra a la serpiente en un papel muy distinto, y bien podríamos haberlo incluído en el apartado de «Versiones de la Bella y la Bestia.»

LA SERPIENTE DEL BOSQUE

Erase un vez un viudo como tantos otros en el mundo, que tenía tres hijas. Un día, la mayor le dijo a su padre que quería salir a ver el país. Caminó durante dos horas, y vio a algunos hombres cortando aulaga, y a otros segando heno.

Regresó a su casa, asombrada por lo que había visto. Luego le contó a su padre las maravillosas cosas que había observado, y él replicó: «¡Hombres cortando aulaga! ¡Hombres segando heno!»

La segunda hija pidió también poder marcharse como su hermana, y regresó tras haber visto lo mismo. Otro día también la menor de las tres dijo que quería irse.

«Niña, ¿qué es lo que vas a ver?», le preguntó su padre.

«Pues, como mis hermanas, una cosa u otra», contestó ella.

Y emprendió camino por la misma carretera que sus hermanas y también vió hombres cortando aulaga y a otros leñadores trabajando en el bosque, y les preguntó si vería algo más si seguía el camino un poco más allá. Le contestaron que vería a más leñadores cortando madera.

Se internó mucho más en el bosque, y una serpiente la atrapó y la hizo prisionera. Ocho días pasó encerrada, llorando y sin poder probar bocado; después comenzó a resignarse y allí permaneció durante tres años. Pasados éstos empezó a sentir deseos de volver a casa. La serpiente la dejó ir tras rogarle que volviese un par de días más tarde, pues su tiempo se estaba acabando; se trataba del hijo de un rey condenado a ser serpiente durante cuatro años (13). Le entregó una rueca y un huso de plata dorada, y un pañuelo de seda, y le dijo:

«Si no me encuentras a tu regreso, tendrás que gastar siete pares de zapatos, seis de piel y uno de hierro, antes de que puedas encontrarme.»

Pero cuando la joven volvió a su hogar, su padre no le permitió ir otra vez a esa casa en la que había pasado tanto tiempo en compañía del hijo de un rey condenado a ser serpiente. Ella argumentó que apenas le quedaba tiempo al príncipe, y que debía volver en gratitud hacia él, pues le había asegurado que se casarían, pero el padre la encerró en una habitación muy alta. Al cuarto día escapó y fue a la casa, mas no encontró al hijo del rey. Los zapatos que llevaba estaban casi gastados, así que se compró otro par. Viajó y viajó, y preguntó si el lugar hacia donde se dirigía estaba lejos, y le dijeron que sí, que muy lejos. Compró otro par de zapatos, y otro, y otro. Se compró un quinto par de zapatos, esta vez de hierro, y tras caminar un corto trecho con ellos, preguntó si quedaba lejos el hogar del hijo del rey. Cuando los zapatos de hierro casi se habían gastado del todo, llegó a una ciudad, y escuchó música.

«¿Qué ocurre aquí?», preguntó.

«El hijo del rey va a casarse hoy.»

---

(13) Ver «*Mahistruba,*» pág. (106), y «*La Bella y la Bestia,*» pág. (168), en este mismo libro.

Fue hasta el palacio, y llamó a la puerta. Apareció un sirviente.

«¿Qué deseas?», dijo.

Ella preguntó si había algo de trabajo para una tejedora, que ella lo haría, y el criado fue a contárselo a la señora de la casa. La hicieron pasar, y cuando estaba en la cocina ella mostró el pañuelo de seda que le había entregado el príncipe, y acto seguido se sonó la nariz con él. La señora se quedó realmente sorprendida de verle hacer aquello con un pañuelo tan bonito como si nada (14), cuando su hijo iba a usar uno igual el día de su boda. Así que cuando el príncipe volvió de la iglesia, le contó que tenía en la casa a una joven soltera que había venido desde muy lejos.

«¡Tiene un pañuelo de seda igual que el tuyo.»

«Tengo que ver a esa joven soltera», exclamó el joven, y se encaminó hacia la cocina.

«Pero, ¿para qué quieres verla?», le interrogó su madre.

«Quiero verla», contestó.

Llegó a la cocina, y en su presencia la joven volvió a usar el pañuelo de seda.

«Muéstrame eso», dijo el príncipe.

«Está demasiado sucio para ponerlo en vuestras manos, señor», respondió la joven.

«Quiero verlo, así que muéstramelo.»

Y en aquel momento la reconoció, y ella le mostró la rueca y el huso.

En la cena, cuando todos estaban contando historias, el príncipe (que ya era rey) dijo:

«Tengo una historia que contaros.»

Todo el mundo quedó en silencio y volvió la vista hacia él.

«Antes, yo tenía una llave de mi cómoda; la perdí y mandé hacer otra, pero después, encontré la vieja.» Y volviéndose hacia su esposa preguntó: «¿Cuál debo usar, la vieja o la nueva?»

«Si la primera era buena, ¿por qué habrías de usar la nueva?», respondió ella.

---

(14) En el Sur de Francia los pañuelos de seda se utilizan para cubrirse la cabeza, no como pañuelos de bolsillo, especialmente las mujeres.

«Antes yo tenía una esposa, y ahora me he casado contigo. Te dejo, y tomo por esposa a la primera. Vuelve, pues, a tu casa», fue la respuesta del príncipe.

GAGNA-HAURRA HIRIGARAY
(Oído en Guetaria)

Para las versiones de los relatos del Heren-Suge que más se aproximan a los cuentos gaélicos ver «El Pescador y sus hijos», pág. 95 de este mismo volumen.

III. CUENTOS DE ANIMALES

Presentamos dos historias como ejemplos de relatos de animales, que no son ni alegorías, ni fábulas, ni aún menos sátiras. El lector debe recordar la frase «Esto ocurrió cuando los animales y las cosas podían hablar.» Tan firme es esta creencia que el primer cuento de este tipo que nos narraron nos dejó perplejos. Los animales aparecen tan plenamente en pie de igualdad con los seres humanos —no son en absoluto nuestros «parientes pobres», sino seres felices, inteligentes y acomodados como los humanos— que es difícil en ocasiones saber si es la bestia o el hombre el que habla.

De la última parte de nuestra historia hemos escuchado múltiples versiones. En una que presenta M. Cerquand, pág 29, (1), el zorro está representado por Basa-Jauna; en una versión de Baigorry, por el Tártaro, pero en otras tres procedentes de distintas localidades, es simplemente un zorro. Las dos primeras aseveraciones son las mismas en todas las versiones. En la que aquí mostramos, el zorro habla y balbucea enteramente como un niño pequeño. Pensamos que todas estas versiones son simplemente fragmentos de una historia mucho más larga.

El «The Chandelier of St. Sauveur», *de M. Cerquand, pág 22, el nombre del héroe es Acherihargaix, «el zorro difícil de atra-*

---

(1) *«Légendes et Récits Populaires du Pays Basque»*, por M. Cerquand. Parte I, Pau, 1875, y Parte II, pág 28, Pau, 1876.

par». Y sospechamos que también éste era en un principio simplemente un animal.

ACHERIA, EL ZORRO

Un día un zorro estaba hambriento, y no sabía qué hacer. Todos los días veía pasar a un pastor con su rebaño, así que se dijo que debía robarle la leche y el queso para darse un buen festín. Pero necesitaba ayuda para poder hacerlo, así que fue a buscar a un lobo, y le dijo:

«¡Lobo, lobo! Tenemos que pegarnos un banquete con la leche y el queso de cierto pastor. Tú irás donde pastan sus ovejas y empezarás a aullar, "*uhur, uhur, uhur.*" El pastor siempre las ordeña primero y luego, muy temprano, las lleva al campo dejándolas al cuidado de su perro, más tarde se vuelve a casa para hacer sus tareas y, desde luego, el queso. Cuando empieces a aullar, "*uhur, uhur, uhur,*" el perro comenzará a ladrar y él dejará lo que esté haciendo para correr al campo a toda velocidad. Entonces iré yo, le robaré la leche y la compartiremos cuando vuelvas.»

El lobo se mostró de acuerdo, marchó hacia los pastos, e hizo tal y como el zorro le había dicho. El perro comenzó a ladrar, y cuando el hombre le oyó salió corriendo hacia los pastos, y nuestro zorro entró y robó la tinaja con la leche cuajada. ¿Y qué hizo antes de que volviese el lobo? Pues muy, muy suavemente apartó la nata y se comió todo el contenido de la vasija. Después la llenó de porquería, volvió a poner la nata encima, y esperó al lobo donde habían quedado en encontrarse. Y cuando llegó le dijo que, ya que era él quien iba a hacer el reparto del botín, como la parte de arriba era mucho más rica que el resto, el que eligiese esa parte *solamente* se comería eso y el otro el resto. «Escoge ahora la que quieras», le ofreció.

«No quiero lo de arriba. Prefiero lo de abajo», respondió el lobo. Y el zorro se tomó la nata y le entregó al pobre lobo la vasija llena de porquería (2). El lobo se puso furio-

---

(2) Ver el cuento de Campbell, «The Keg of Butter», Vol. III, pág. 98, en el que el zorro engaña al lobo de forma similar.

so, pero el zorro le dijo: «No es culpa mía. Así es como lo hace el pastor.» Y se marchó bien satisfecho.

Otro día, el zorro volvió a sentir hambre, y no se le ocurría nada para saciarla. Todos los días veía pasar a un chico por el camino que llevaba la cena para su padre, así que fue a ver a un mirlo y le dijo:

«Mirlo, ¿sabes lo que tenemos que hacer? Darnos un buena cena. Cierto chico va a pasar dentro de un rato por aquí mismo. Cuando le veas te acercas y te posas justo frente a él, y cuando vaya a cogerte te alejas un poco, haciendo como si cojeases. Cuando lo hayas hecho varias veces, el chaval se pondrá impaciente, y dejará la cesta con la comida en el suelo para poder capturarte más rápido. Yo cogeré la cesta, y huiré a tal sitio, y allí la compartiremos.»

«De acuerdo», respondió el mirlo.

Llegó por fin el chico, y el mirlo se paró frente a él, simulando que cojeaba. El chaval se inclinó para cogerle, y el pájaro se alejó un poquito. Finalmente se impacientó, y efectivamente dejó la cesta que llevaba en el suelo para poder ir más rápido tras el mirlo. El zorro, que estaba observándolo todo, cogió la cesta y huyó, pero no al lugar acordado sino a su propia madriguera, y allí se comió su parte y la del mirlo.

«No me conviene quedarme aquí», pensó. «El lobo es mi enemigo, y el mirlo también. Si me quedo aquí terminará por sucederme algo. Tengo que marcharme al otro lado del río.»

Así que partió y llegó a la orilla del agua. En ese momento pasaba por casualidad un barquero por allí, y el zorro le llamó:

«¡Eh, oiga! ¿Querría usted cruzarme al otro lado del río? A cambio le diré tres verdades.»

«De acuerdo», respondió el hombre, y el zorro saltó al bote y comenzó a hablar:

«La gente dice que el pan de maíz es tan bueno como el pan de trigo. Pero es falso. El pan de trigo es mejor. Esa es una verdad.»

Cuando se hallaban en medio del río, añadió:

«La gente dice también: "¡Qué noche tan buena! ¡Es tan

clara como el día!" Eso es mentira. El día es siempre más claro. Esa es la segunda verdad.»

Y cuando ya se acercaban a la otra orilla le contó la tercera verdad:

«¡Ay, buen hombre! Llevas unos pantalones muy viejos, y se pondrán aún más viejos si no cruzas a gente que te pague más que yo.»

«Eso es muy cierto», respondió el barquero, y el zorro saltó a la orilla.

Yo estaba entonces junto a la orilla del río, y aprendí estas tres verdades y jamás las he olvidado desde entonces.

EL ASNO Y EL LOBO

Erase una vez un asno como tantos otros en el mundo, que caminaba por el fondo de un barranco cargado con vino de Málaga. (Sabréis que los asnos tienen mucho miedo a los lobos, porque a los lobos les gusta mucho la carne de los asnos). En ese momento vio a un lobo acercarse a cierta distancia, pero no halló ningún lugar para ocultarse.

«Buenos días, buenos días, señor Lobo. Tengo un excelente vino de Málaga si está usted sediento», le saludó el asno.

«No estoy sediento, no, sino terriblemente hambriento. ¡Eso sí! Hoy cenaré tu cabeza y tus orejas», contestó el lobo.

«Señor Lobo, ¿me permitiría Vd. ir antes a escuchar una misa...?»

«¡Bueno! De acuerdo», accedió la fiera, y nuestro asno se marchó, y cuando llegó a la iglesia entró, atrancó la puerta con su pata, y esperó tranquilamente.

Cuando el lobo empezó a impacientarse, gritó:

«¡Ay, ay! ¡Qué misa tan larga! Ni que estuviéramos en Domingo de Ramos.»

«Ten paciencia, viejo lobo. Estoy aquí con los ángeles, y al menos por esta noche he salvado mi pellejo», le respondió el asno.

«¡Ay, ay, maldito asno! Eres un traidor, ¿sabes? Si alguna vez volvemos a encontrarnos, te aseguro que no oirás ninguna misa.»

«No hay perros por los rediles de Alagaia. Si vas por allá podrás coger montones de ovejas», repondió el asno. Finalmente, el lobo se rindió y se marchó hacia donde le había sugerido el asno. Cuando éste vio que se había ido, salió de la iglesia y se fue a casa, y desde entonces puso buen cuidado en no volver a pasar cerca de la guarida del lobo.

IV. BASA-JAUN, BASA-ANDRE Y LAMIÑAK

Es algo difícil hacerse una idea clara de qué son realmente «Basa-Jaun» y «Basa-Andre», el hombre y la mujer salvajes de la mitología vasca. En el primer relato de este apartado Basa-Jaun aparece como una especie de vampiro, y su mujer, Basa-Andre, como una bruja. Los escritores vascos describen generalmente al Basa-Jaun como una especie de sátiro, de fauno, un duende del bosque. Los vascos, al hablarnos de él, han utilizado con frecuencia la expresión francesa «Hommen de Bouc», *«El-cabra-hombre». En algunos cuentos parece ser más bien un duendecillo, y a menudo ha recibido el mote de «Ancho» (1), seguramente del español Sancho. Bajo esta forma, el Basa-Jaun encanta las cabañas de los pastores de las montañas, se caliente en sus fuegos, prueba su leche cuajada y sus quesos, conversa con ellos y es tratado con una familiaridad nunca totalmente exenta de cierto temor oculto. Su mujer, la Basa-Andre, aparece a veces como bruja, otras como una especie de «sirena de tierra», una bella mujer que «peina sus rizos con un peine de oro», sentada en una cueva en los más recónditos rincones de las montañas (2).*

Las «Lamiñak» son auténticas hadas, que no difieren del tipo general del hada celta más de lo que las hadas escocesas, irlandesas,

(1) Véase Cerquand, Parte I, pág. 27, «*Ancho et les Vaches*», y las notas. También la Parte II, pág. 34 y siguientes.

(2) Véase Cerquand, Parte I, págs. 33 y 34, «*La Dame au Peigne D'Or.*»

galesas y las de Cornualles difieren entre sí. De hecho, las leyendas en que aparecen son a menudo idénticas. Las Lamiñak nos fueron descritas por alguien que evidentemente creía en ellas y las temía, como gentes pequeñas que vivían bajo tierra. Otro informante afirmó que eran seres diminutos que aparecían por la chimenea. Las Lamiñak ansían poseer seres humanos, y les gusta cambiar y raptar a niños sin bautizar, aunque aparte de eso no parecen causarles daño alguno. Traen la buena suerte a las casas que frecuentan, y les gusta la limpieza, pero siempre hablan y dan órdenes con palabras de significado exactamente opuesto al pretendido. Tienen en común con Basa-Jaun y Basa-Andre su odio a las campanas de las iglesias (3), y aunque no son activamente hostiles hacia la Cristiandad, huyen ante su presencia. Antiguamente fueron grandes constructoras de puentes e incluso iglesias (4), pero a menudo les engañaron en la paga, que suponían sería el poder sobre un alma humana al término del contrato. Los pozos y fuentes de las hadas son frecuentes en las Landes y en las cercanas provincias de la Gascuña, pero no sabemos de ninguno en el país Vasco (5).

No hemos podido averiguar con exactitud qué son los «agujeros de las hadas (Lamiña-ziloak)», que aparecen en el relato del Heren-Suge. Por lo que pudimos inferir a partir de la información de nuestro narrador, se trata simplemente de huecos de los setos cubiertos por tela de araña. Nada sabemos de bailes sobre anillos de hierba a la luz de la luna, pero si el lector elimina cuidadosamente de su memoria las extrañas fantasías de Shakespeare y Ben Jonson sobre Puck, Oberon y Titania, hallará pocas diferencias entre las Lamiñak vascas y las hadas de Sir Walter Scott, de Campbell o de las «Leyendas Irlandesas» de Croker. Una peculiaridad de las Lamiñak vascas es que en ocasiones se dice que todas ellas se llaman «Guillen» (6), que parece ser lo mismo que el nombre francés «Guillaume» o el inglés «William».

Debe sin duda tratarse de un signo de fe e interés decrecientes

(3) Cerquand, Parte I, pág. 30, «*Basa-Jauna et le Salve Regina.*»

(4) Cerquand, «*L'Eglise d'Espés*» «*Le Pont de Licq*», Parte I, págs. 31 y 32, y Parte II, págs. 50-52.

(5) Sin embargo compárese con el pozo o pantano del Basa-André en el relato del Tártaro, pág. (14).

(6) Cerquand, Parte I, págs. 32 y 33.

el que tan a menudo se confunda a las brujas con las hadas y viceversa. En estos relatos es evidente que la bruja es con frecuencia un hada y el hada una bruja.

BASA-JAUN, EL HOMBRE SALVAJE

Erase una vez una casa en la que vivían el ama y la mujer del campesino (7). Esta última tenía tres hijos, y un día le pidieron que les diese a cada uno una albóndiga y un panecillo, pues querían viajar de país en país. La mujer sufrió mucho al saber que debía separarse de sus tres queridos hijos, pero los tres se marcharon.

Se encontraban en mitad de un bosque cuando la noche cayó sobre ellos, y el mayor dijo que él se subiría al primer árbol.

Encontró un árbol muy alto y trepó hasta la mismísima punta, y el segundo hermano le preguntó:

«¿Ves algo?»

«No, no. No hay nada que ver, nada. ¡Ni una pluma! Nada», respondió el mayor.

«Baja entonces. Eres un burro.» Y el segundo trepó a su vez, pero tampoco vio nada. El más pequeño le gritó:

«No servís para nada ninguno de los dos. Yo subiré.» Y trepó hasta la misma copa.

«¿Y tú ves algo?», le preguntaron los otros.

«Sí. Veo una columna de humo muy alta pero muy, muy fina. Está muy lejos de aquí. Vayamos hacia allá.» Y así lo hicieron. A las ocho en punto de la noche llegaron a un gran castillo, llamaron a la puerta, y la Basa-Andre (la mujer salvaje) fue a abrirles.

«¿Quién llama?», les preguntó.

«Somos nosotros», contestaron los hermanos.

---

(7) La propietaria de la hacienda y la «*métayere*», la esposa del arrendatario. Bajo el sistema del «*métayer*» el propietario y el arrendatario se dividen el producto de la hacienda. Así ocurre en la práctica totalidad del Suroeste y Sur de Francia. A menudo la residencia del «*métayer*» es colindante con la casa del propietario.

«¿Qué es lo que queréis, niños? ¿Dónde váis a estas horas de la noche?»

«Te rogamos que nos des cobijo para pasar la noche. Nos basta un rincón en el suelo, desgraciados de nosostros.»

«Está aquí mi marido, el Basa-Jaun, y si os descubre os devorará, eso es seguro.»

«Y si nos atrapa ahí fuera nos comerá también.»

Y la mujer salvaje les dejó entrar, y los escondió en tres rincones distintos. Un rato después, a las nueve en punto, llegó el Basa-Jaun, y empezó a vociferar. La Basa-Andre fue a recibirle y le dijo:

«No hay nadie aquí.»

«Sí, escondes a alguien. Sácalos o te comeré a tí misma.»

Así que la mujer salvaje le llevó al lugar donde escondía al hermano mayor que temblaba de terror.

«¿Quieres ser mi sirviente?», le preguntó el Basa-Jaun.

«Sí», contestó el muchacho, y el Basa-Jaun empezó a husmear otra vez.

«¿Ocultas a alguien más aquí?»

Y la mujer sacó al segundo de los hermanos.

«¿Serás mi sirviente?», le preguntó el Basa-Jaun.

«Sí», respondió, y una vez más el Basa-Jaun empezó a olisquear, hasta que la mujer sacó al más pequeño.

«Los tres cenaréis conmigo esta noche, y después nos iremos a dormir, pero mañana saldremos todos de caza», les dijo. Y a la mañana siguiente fueron a cazar y regresaron a las ocho en punto de la noche.

Ahora bien, los hermanos tenían una hermanita pequeña, que sin embargo creció durante su larga ausencia. Un día el ama y la mujer del campesino acababan de sacar el nuevo maíz al jardín para que se secara, y cuando creyó que nadie la veía, la pequeña cogió un poco del montón de la señora y lo puso en el de su madre. Pero la señora lo vio y empezó a gritarle:

«¡Menuda fresca estás tú hecha! ¡No he visto cosa igual! Terminarás mal igual que tus hermanos.

Entonces la pequeña comenzó a llorar y fue en busca de su madre.

«Madre, ¿Yo tenía hermanos?», le preguntó (8).

«Sí, mi pequeña.»

«¿Dónde están?»

«Se marcharon hace mucho tiempo, mi niña.»

«Pues también yo debo marcharme, hoy mismo. Dame una rueca para hilar y un pastel.»

Así que se marchó, y llegó a la casa del Basa-Jaun, y llamó a la puerta. La mujer del Basa-Jaun le abrió, y mientras estaba explicándole quién era el dueño de aquella casa, apareció el hermano mayor, pero no se reconocieron. Poco después llegó el Basa-Jaun.

«Tienes algo aquí para mí», dijo nada más entrar.

«No», le respondió la esposa.

«Muéstramelo.» Y la mujer le enseñó a la pequeña.

«¿Querrás ser mi sirvienta?», le preguntó el monstruo.

«Sí señor.»

Varios días más tarde los hermanos la reconocieron, y se abrazaron todos con infinita alegría. Pero la joven, que antes parecía tan sana, empezó a adelgazar visiblemente, hasta que un día uno de sus hermanos le preguntó:

«Qué es lo que te pasa que te estás quedando tan delgada?»

«Todas las noches el amo me ordena sacar el dedo meñique por la puerta y lo chupa, y cada día que pasa voy poniéndome más y más lánguida», (9) le respondió.

Un día que el Basa-Jaun no estaba en casa, los tres hermanos y la hermana planearon matarle si conseguían sorprenderle en un barranco cercano, y así lo hicieron, y acabaron con él.

«¿Dónde está el Basa-Jaun?», les preguntó un día su esposa.

Entonces la Basa-Andre sacó tres enormes dientes, los llevó a la casa y le dijo a la joven que cuando calentase el agua para que sus hermanos se lavasen los pies, pusiese un

(8) Véase «La hermana y sus siete hermanos.»

(9) Esta es la única representación del Basa-Jaun como vampiro que conocemos.

diente en el agua de cada uno de ellos (10). En cuanto el más pequeño acabó de lavarse, los tres se convirtieron en bueyes.

La hermana los solía llevar al campo, y vivía solamente de los pájaros que ellos (los bueyes) encontraban para ella. Un día, cuando atravesaba un puente (11) vio a la Basa-André debajo, y le dijo:

«Si no conviertes a estos tres bueyes en hombres, tal y como eran antes, te meteré en un horno al rojo vivo.»

«¡No!», respondió la mujer. «Vete a cierto valle y coge allí tres varas de avellano (12) y con ellas dale a cada uno tres golpes en la espalda.»

Así lo hizo la joven, y los bueyes volvieron a ser hombres. Y los cuatro vivieron felices en el castillo del Basa-Jaun, y como habían vivido bien, también murieron bien.

ESTEFANELLA HIRIGARAY

LA SIRVIENTA Y LA CASA DEL HADA

Erase una vez una mujer que tenía tres hijas. Un día, la más joven de las tres le dijo que debía partir a buscar trabajo de sirvienta. Y viajó de ciudad en ciudad, hasta que se encontró a un hada.

«¿Dónde vas, mi pequeña?», le preguntó ésta.

«¿Conoces algún lugar donde necesiten sirvientes?»

«Sí. Si vienes a mi casa, yo te aceptaré como criada», le respondió el hada, y la chica se mostró de acuerdo.

---

(10) Como los vascos caminan normalmente descalzos o con sandalias de cáñamo, necesitan lavarse los pies todas las noches. Esto se hace normalmente frente al fuego de la cocina, y en orden estricto de edad y jerarquía. Véase a este respecto «La hermana y sus siete hermanos.»

(11) El agua del río, sospechamos, es lo que otorga a la chica poder sobre la bruja.

(12) «Varas de avellano». En el siglo XVI, el cornejo, «cornus sanguínea», parece haber sido la madera de las brujas. En las «Pastorales», todos los encantamientos, hechizos, etc., se hacen con las varitas mágicas de los demonios. Este relato termina de forma un tanto brusca, pues el narrador se cansó mucho al final.

El hada le encargó sus tareas de la mañana y le advirtió: «Somos hadas. Debo marcharme ahora, pero tu trabajo está en la cocina. Rompe el cántaro y todos los platos, pégales una paliza a los niños y haz que se tomen ellos solos el desayuno, mánchales y cara y despéinales (13)»

Cuando estaba la joven dando el desayuno a los niños, se le acercó un perrito:

«¡Guau! ¡Guau! ¡Guau! Yo también quiero algo.»

«Vete de aquí, perro tonto, o te doy una patada.»

Pero el perro no se marchaba, y al final la chica le dio algo de comer, aunque no mucho.

«Y ahora», habló entonces el animal, «voy a decirte lo que te ha mandado hacer la señora. Te ha dicho que barras la cocina, que llenes el cántaro y que friegues todos los platos. Si lo haces todo bien, te dará a escoger entre un saco de carbón y un lingote de oro, o entre una hermosa estrella sobre tu frente y la cola de un asno colgando de ella. Debes contestarle: "Un saco de carbón y una cola de asno."

Cuando llegó el ama, la nueva criada había terminado todas sus tareas, así que, muy satisfecha, el hada le dijo:

«Elige lo que te gustaría: ¿Un saco de carbón o un lingote de oro?»

«Me vale con un saco de carbón.»

«¿Una estrella en tu frente o una cola de asno?»

«Una cola de asno me serviría.» Y entonces el hada le entregó un lingote de oro y le puso una hermosa estrella sobre la frente (14). La muchacha volvió a su casa. ¡Iba tan bonita con su estrella! y cargaba el lingote de oro sobre sus hombros. Todos quedaron atónitos. Entonces la mayor de las hermanas le dijo a su madre:

«Madre, yo también me iré a trabajar de criada.»

«No, mi niña, no lo harás», respondió la mujer; mas como la niña no la dejaba en paz, al final cedió. La niña partió y llegó a la ciudad de las hadas, y fue a dar con la misma hada que su hermana.

---

(13) Las Lamiñak vascas dicen siempre exactamente lo contrario de lo que quieren decir.

(14) Véase «*Contes Agenais*» y «*Les Deux Filles*», de Bladé, así como las «Notas comparativas» de Köler referentes al cuento, pág 149.

«¿Dónde vas, pequeña?» le preguntó.

«Voy a trabajar de sirvienta.»

«Entonces ven conmigo», y la tomó a su servicio. «Vas a levantar el suelo de la cocina, romperás el cántaro y los platos, mandarás a los niños que se tomen ellos solitos el desayuno y les ensuciarás la cara», le ordenó, igual que a su hermana.

Quedaba alguna sobra del desayuno sobre la mesa cuando el perrito entró y empezó a ladrar:

«¡Guau! ¡Guau! ¡Guau! Yo también quiero algo.», dijo, y empezó a seguirla a todas partes, pero ella no le daba nada y al final lo echó a patadas. A su regreso, el hada se encontró todo el suelo de la cocina levantado, y el cántaro y los platos rotos.

«¿Qué prefieres como paga?», le preguntó a la muchacha. «¿Un lingote de oro o un saco de carbón? ¿Una estrella sobre tu frente o una cola de asno colgando de ella?»

La sirviente escogió el lingote de oro y la estrella en la frente, y el hada le dio un saco de carbón y le puso una cola de asno. La niña se marchó llorando, y cuando regresó le contó a su madre lo apenada que estaba. Entonces también la tercera hermana pidió permiso para irse a trabajar.

«¡No! ¡No!», (dijo la madre), y ésta se quedó en casa.

ESTEFANELLA HIRIGARAY

EL HADA DE LA CASA

Erase una vez una dama y un caballero. Una noche la dama estaba tejiendo cuando llegó a la casa un hada. No podían quitársela de encima, y todas las noches le daban jamón para cenar, hasta que se hartaron del hada. Un día, la señora le dijo a su marido:

«No puedo soportar a esta hada. ¡Ojalá pudiera echarla de aquí!» Entonces el marido planeó lo siguiente: se vestiría con las ropas de su mujer y esperaría al hada en la cocina. La mujer se fue a dormir y como de costumbre, apareció el hada, mientras el marido tejía.

«Buen día, señora», saludó el hada.

«Lo mismo le deseo. Siéntese», respondió el marido.

«Antes hacía usted *chirin, chirin,* pero ahora hace *firgilun, fargalun* (15).»

«Sí, es que ahora estoy cansada», respondió el hombre. Como su mujer solía darle jamón, también él le ofreció un poco:

«¿Vas a cenar ahora?»

«Sí, por favor», respondió el hada. El marido echó jamón en la sartén y la puso al fuego, y cuando estaba al rojo vivo se la tiró al hada a la cara. La pobrecilla empezó a gritar, y aparecieron treinta hadas amigas suyas.

«¿Quién te ha hecho daño?», le preguntaron.

«Yo misma, yo misma me lo he hecho (16).»

«Pues si tú misma te lo has hecho, cúrate tú misma», le respondieron, y acto seguido todas las hadas desaparecieron. Desde entonces, ninguna otra hada volvió a pisar aquella casa y el matrimonio, que hasta entonces había sido rico, empezó a arruinarse poco a poco, y pasaron el resto de sus vidas en la miseria. Si hubiesen vivido bien, también habrían muerto bien.

ESTEFANELLA HIRIGARAY

LA CHICA BONITA Y PEREZOSA (17)

Erase una vez una madre que tenía una hija muy guapa. La madre estaba siempre atareada, pues la hija no hacía nada, así que le propinaba buenas palizas y la joven entonces corría hasta una roca donde se sentaba y se ponía a llorar. Un día pasó por allí el joven dueño del castillo.

«¿Por qué llora una chica tan bonita?», preguntó.

---

(15) Es decir, la mujer tejía correctamente, y producía un sonido claro y regular, mientras que el hombre tejía mal.

(16) Véase «*The Brollachan*», de Campbell, Vol II, pág 189, con las notas y versiones. Aquí el «yo misma» parece ser equivalente al homérico «outis».

(17) M. Cerquand recoge el mismo cuento, Parte I, pág. 41.

«Como es muy guapa, no trabaja», le respondió la madre.

«¿Sabe coser?»

«Sí que sabe», dijo la madre. «Si quiere es capaz de hacer siete camisas cada día.»

El joven caballero se había encaprichado de la joven, así que volvió a su castillo, cogió un pedazo de lino y regresó.

«De aquí pueden sacarse siete camisas. Si las terminas en tal tiempo, nos casaremos.»

La joven se quedó sentada sin hacer nada, pensativa y con lágrimas en los ojos, hasta que se acercó a ella una anciana que era bruja y le dijo:

«¿Qué es lo que te pone tan triste?»

«Cierto caballero me ha traído siete camisas para coser, pero no puedo hacerlo y estoy aquí sentada pensando.»

«¿Sabes coser?»

«Sé enebrar la aguja, nada más.»

«Yo coseré las camisas y te las tendré para cuando las necesites si tú a cambio te comprometes a recordar mi nombre dentro de un año y un día. Si no lo recuerdas, entonces haré contigo lo que desee. Marie Kirikitoun es mi nombre, pero nadie puede acordarse de él.»

La joven aceptó el trato, y la bruja le cosió las camisas en el plazo previsto. Volvió el caballero; las camisas estaban listas, así que se llevó a la joven y se casaron. Pero según pasaba el tiempo, ella parecía cada vez más triste. Su marido organizaba grandes fiestas en su honor, pero ella nunca reía. Un día se celebraba un magnífico banquete, cuando llegó a la puerta del castillo una anciana.

«¿Por qué estáis celebrando tan magníficos festejos?», preguntó a un criado.

«Porque nuestra señora nunca se ríe, y su marido organiza estas fiestas para que se ponga contenta.»

«Si supiese lo que he oído hoy seguro que se reiría», replicó la vieja.

«Quédate aquí», le dijo el criado. «Voy a decírselo enseguida.»

Hicieron pasar a la anciana, y les contó que había visto a otra anciana saltando de un lado a otro del camino, y diciendo todo el tiempo:

«Houpa, houpa, Marie Kirikitoun. Nadie recordará mi nombre.»

Cuando la joven oyó esto, la alegría le inundó de repente, y fue corriendo a escribir el nombre. Recompensó generosamente a la anciana y fue muy feliz, pues cuando la bruja regresó, ella recordaba su nombre (18).

ESTEFANELLA HIRIGARAY

LA EDAD DEL DIABLO

Había una vez un caballero y una dama que eran muy pobres. El hombre solía sentarse muy triste en un cruce de caminos, y un día se le acercó otro caballero.

«¿Por qué estás tan triste?», le preguntó.

«Porque no tengo lo suficiente para vivir.»

«Te daré todo el dinero que quieras si en determinado día me dices la edad del diablo», le propuso el caballero.

Nuestro hombre regresó a su casa muy feliz, y durante un tiempo vivió también feliz con su esposa, pues no les faltaba de nada. Pero el tiempo pasaba, y el día señalado se acercaba. Entonces el hombre cayó en la cuenta de que no se había ocupado en absoluto de aquel asunto de la edad del diablo, y se volvió muy pensativo.

«¿Qué te pasa? ¿Por qué no eres feliz?», le preguntaba su mujer. «No necesitamos nada. ¿Por qué estás tan triste?»

Y él le contó cómo se había hecho rico, y cuál era el trato que había acordado con aquel caballero.

«Si sólo es eso, no hay por qué preocuparse», le dijo su

---

(18) Esta es una leyenda muy extendida. Ver: «Lo que vió Ana en el rayo del sol», de Patrañas; «Duffy y el Diablo», en los «Romances populares del Oeste de Inglaterra», de Hunt, pág. 239; «La chica perezosa y sus tíos», de Kennedy, que es muy similar al cuento español, y compárase con las referencias adjuntas a la traducción de la leyenda irlandesa que aparece en los «*Contes Populaires de la Grande Bretagne*», de Bruyere, pág. 159. (Incluído en *Cuentos* y *leyendas de la Bretaña,* colección *libros de los Malos Tiempos,* n.° 20, *Miraguano Ediciones*. N. del E.).

(19) Ver el cuento «The Brewery of Egg-shells» en las «Fairy Legends of the South of Ireland», de Croker, págs. 32-36.

mujer. «Métete en un barril de miel, y luego en otro de plumas; ve después al cruce de caminos y espera al diablo. Cuando llegue, ponte a cuatro patas y camina hacia adelante y hacia atrás, y métete entre sus piernas y anda dando vueltas a su alrededor.»

El hombre siguió sus instrucciones y se fue a esperar al diablo, que cuando llegó se echó para atrás del susto al ver a aquel ser tan extraño, y dijo:

«Tengo... años y nunca antes había visto un animal tan terrible.» (19)

Nuestro hombre había oído bastante. Volvió a casa a toda velocidad para decirle a su mujer que jamás pasarían necesidad, que había hecho tal y como ella le había dicho, igual que si se tratase de una bruja, y que nunca más temería al diablo. Vivieron ricos y felices, y como vivieron bien, así murieron también.

FRANCHUN BELTZARRI

EL HADA MADRINA

Erase una vez un hombre y una mujer como cualesquiera otros en el mundo, que estaban cargados de hijos y eran muy pobres. La mujer no sabía ya qué hacer, así que decidió que saldría a mendigar. Partió y llegó muy, muy lejos, hasta la ciudad de las hadas. Les contó cuántos hijos tenía, y ellas le dieron muchas limosnas; además la reina de las hadas le dio veinte libras de oro, y le dijo:

«Si me entregas a tu hijo la próxima vez que te quedes preñada, te daré un montón de dinero.»

La mujer le respondió que por ella no había problema, pero que debía hablar antes con su marido. La reina de las hadas la mandó de vuelta a casa y le dijo que volviese dentro de una semana con la respuesta.

Fatigada por la pesada carga del oro, la mujer consiguió

(19) Ver el cuento «The Brewery of Egg-shells» en las «Fairy Legends of the South of Ireland», de Croker, págs. 32-36.

llegar penosamente a su hogar y le contó a su marido, que se mostró asombrado de que su mujer hubiese podido caminar con todo aquello, lo que le había pasado con la reina de las hadas.

«Sí, la vamos a hacer madrina», respondió el marido.

Una semana más tarde la madre marchó a la ciudad para comunicarle al hada la decisión. «No hace falta que mandes a nadie a decirme cuándo estarás de parto. Yo misma lo sabré e iré a tu casa», le respondió el hada. Al terminar la semana, la mujer dio a luz una niña y la reina llegó, como había prometido, con una mula cargada de oro; bautizaron al bebé, y a continuación se lo llevó volando por los aires. Los padres se consolaron con los demás hijos, pensando que su hijita sería más feliz con la reina de las hadas.

La reina la llevó a un apartado rincón de la montaña donde estaba su hogar. Ya tenía otra ahijada: una perrita que se llamaba Rosa (20). A la niñita le puso de nombre Rosa Bonita, y además un brillo en la frente como el de los diamantes (21).

Rosa Bonita creció en aquel rincón de la montaña jugando con su perrita. Un día le dijo:

«¿No tiene la reina otras casas? Estoy cansada de estar siempre aquí.»

«Sí, tiene una muy bonita junto al camino real. Voy a hablarle de ello ahora mismo», respondió la perrita, y fue a contarle a la reina lo aburrida que estaba Rosa Bonita, y a preguntarle por qué no cambiaban de casa. «De acuerdo», aceptó el hada, y se mudaron.

Un día estaba Rosa Bonita asomada al balcón cuando pasó por allí el hijo del rey, que quedó hechizado por la belleza de la joven. «¿Vendrás conmigo?», le rogó. «No, tengo que decírselo a mi madrina», respondió ella. «No, sin mí no va a ninguna parte», añadió la perrita por su cuenta. «¡También a tí te llevaré gustoso?», dijo el príncipe. «¿Cómo puedo conseguirte, Rosa Bonita?»

---

(20) Se menciona a «una perrita» en «La hija de los cielos», de Campbell, Vol. I, pág. 202 y notas.

(21) «*Kopetaen erdian diamanteko bista batez*»: «una visión de diamantes en medio de su frente».

Rosa Bonita le respondió:

«Todas las noches le doy a mi madrina medio vaso de buen licor para que duerma bien; pero si por error le doy un día un vaso entero, no podrá levantarse a cerrar la puerta del dormitorio, como hace normalmente. Entonces le pediré las llaves para hacerlo yo misma, fingiré haberla cerrado y le devolveré las llaves. Así la puerta estará abierta cuando tú llegues. Ella no oirá nada, pues estará dormida como un tronco.»

El príncipe le dijo que regresaría a medianoche en su carro volador. Llegó el momento, y Rosa le dio a su madrina el vaso de licor lleno hasta el mismísimo borde.

«¡Pero bueno, niña!», dijo el hada.

«Así dormirá mejor, madrinita mía.»

«Tienes razón», y se lo bebió todo entero.

«Madrinita! Yo cerrraré la puerta hoy. Quédate donde estás», le dijo Rosa al hada, que no podía ya ni levantarse del sueño que tenía. El hada le entregó la llave, y Rosa dio vueltas con ella hacia un lado y hacia el otro en la cerradura, como si estuviese cerrando la puerta. Después le devolvió la llave al hada madrina, que se fue a dormir. Pero Rosa y Rosa Bonita no hicieron precisamente lo mismo. A medianoche apareció el hijo del rey en su carro volador, subió a Rosa y a Rosa Bonita en él y partieron hacia el palacio real.

Al día siguiente Rosa le dijo a Rosa Bonita:

«No estás tan guapa como ayer», y mirándola de cerca añadió: «Sí decididamente te encuentro muy fea hoy.»

«Mi madrina debe haberme quitado el destello de diamantes», le respondió Rosa Bonita. «Tienes que ir a verla y decirle que me lo devuelva.»

Pero Rosa no quería volver, pues tenía miedo del hada. Rosa Bonita insistió una y otra vez, hasta que Rosa se quitó el vestido plateado (22) y marchó a ver a su madrina.

«¡Madrina, madrina!» empezó a gritar al llegar a la casa. «Devuélvele a Rosa Bonita su hermoso brillo. Si no lo haces me enfadaré contigo para siempre y verás lo que te pasa.»

---

(22) Nada se había dicho anteriormente de este vestido. Debe faltar algún fragmento de la historia.

«Ven aquí, entra, te voy a dar de desayunar», le respondió el hada madrina.

«Tengo miedo de que me pegues.»

«¡No, no! ¡Entra, entra rápido!»

«¿Le vas a devolver a Rosa Bonita su destello en la frente?»

«Sí. Ya lo tiene otra vez.»

Entonces Rosa consintió en entrar en la casa. La reina le lavó los pies, le hizo tenderse sobre el cojín de terciopelo, y le dio un poco de chocolate. «Sé donde está Rosa Bonita», dijo el hada. «Y sé que va casarse. Dile que no se preocupe del ajuar ni de ninguna otra cosa que necesite para la ceremonia ni para la fiesta, que yo apareceré el día señalado por la mañana.»

Rosa regresó, y al llegar a la ciudad escuchó a dos damas que hablaban con dos caballeros: «¿Qué mujer es esa con la que se va a casar nuestro hermano? Desde luego, no será como nosotras, porque si no, no la tendría oculta y encerrada a cal y canto. Vayamos a verla.»

«No es en absoluto como vosotras, bezos asquerosos», les dijo la perrita. «La veréis, desde luego que la veréis.»

Los dos caballeros salieron tras Rosa con sus espadas en la mano, dispuestos a atravesarla, pero ella consiguió ocultarse en la casa de Rosa Bonita, y le contó lo que acababa de suceder. Rosa Bonita le dio un licor y la perrita recuperó la calma. El rey proclamó entonces que cualquiera que (simplemente) escupiese en el lugar en que la perrita hubiese puesto sus patas, sería ejecutado.

Llegó el día de la boda, y con él llegó también la reina de las hadas. Traía para la novia un vestido de diamantes para la jornada de la ceremonia, otro de oro para el día siguiente, y otro de plata para el tercero. ¡Imagínense lo guapa que estaba Rosa Bonita con su brillo en la frente y su vestido de diamantes! La gente no podía ni mirarla. El hada madrina le pidió que acogiese a sus cuñadas y que nada temiese de ellas, pues no podían siquiera aproximarse a su belleza. Estas, en efecto, cuando la vieron salir de su cuarto con el vestido de diamantes se quedaron boquiabiertas:

«Tenía razón la perrita cuando dijo que la chica era bellísima.»

Y durante tres días Rosa Bonita paseó por toda la ciudad (23), dejando a todos mudos de asombro ante su belleza. Cuando la fiesta acabó, el hada madrina regresó a su casa, y Rosa se quedó junto a Rosa Bonita. Antes de partir, el hada madrina le contó a Rosa Bonita que sus verdaderos padres eran muy pobres, y que en una ocasión les había ayudado, pero que lo que entonces les entregara ya debía haberse acabado. Entonces Rosa Bonita les proporcionó lo suficiente para vivir opulentamente. Ella misma tuvo cuatro hijos, dos chicos y dos chicas. Y si vivieron bien, murieron bien también.

LAURENTINE
Lo escuchó de labios de su madre

(23) En las bodas pirenaicas, el novio y la novia, junto con el resto de los invitados, pasan prácticamente todo el día paseando por el pueblo. A menudo la fiesta se prolonga durante varios días, y la novia suele acabar agotada.

V. MAGIA Y BRUJERIA

Nuestras leyendas de magia y brujería son muy pobres, y en algunas de ellas, como dijimos antes, la bruja es obviamente un hada. La razón no radica en que la creencia en la brujería se haya extinguido entre los vascos, sino precisamente en que está muy extendida. Hemos escuchado decenas de historias (tenidas por ciertas) de brujería, algunas muy tristes, pero muy pocas leyendas. De hecho, la brujería no ha llegado todavía a la etapa legendaria entre los vascos. La diferencia puede percibirse al instante al anotar las narraciones orales. En las leyendas suelen recitar un texto aprendido de memoria. Es el «así lo cuenta la historia», o el «es así», lo entiendan o no. Pero las historias de brujería las cuentan con sus propias palabras, igual que narrarían hechos acaecidos a ellos mismos o a sus vecinos. Una mujer nos narró una historia supuestamente real —punto en el que insistió— que aparece en las páginas del trabajo de M. Cerquand (1) y en el «Pays Basque» *de Fr. Michel. Solamente un examen minucioso nos permitió descubrir que la historia no le había acaecido realmente a su hija, sino que la mujer* únicamente *había* visto *la granja y la capilla en las que se desarrollaba el supuesto evento. Fuentes fidedignas nos informaron de la dolorosa sorpresa de un párroco cuando, hacía solamente uno o dos años, uno de los fieles le confesaba arrepentido, y con plena consciencia, que asistía con frecuencia a los «Sabbat».*

(1) Cerquand, Parte I, pág 29, notas al Cuento 8; Fr. Michel, «*Le Pays Basque*», pág 152 (Didot, París, 1857).

Pero lo que resulta extraño e inesperado es que estas crencias, arraigadas entre los vascos desde que se tiene noticia de ellos, no se diferencian en nada de las que estaban vigentes en Europa hace trescientos años. Todo el vocabulario referente a magia y brujería está evidentemente tomado de otras lenguas. El único término puramente vasco es «Asti», que parece referirse más a un adivino que a un mago. El término vasco para el «Sabbat» es «Akhelarre», el «pasto de la cabra», y parece provenir de la aparición del diablo en forma de macho cabrío, cuestión por lo demás bastante común en muchos otros lugares. Pierre de Lancre, mediante los terrores de su inquisición, produjo una epidemia moral que concluyó con la quema de numerosas víctimas en San Juan de Luz, pero ni un sólo término vasco aparece en sus escritos. En contra de lo que generalmente se piensa, la Inquisición española y los tribunales eclesiásticos franceses se mostraron más generosos y racionales, y menos intolerantes y salvajes, que los dos fiscales y jueces de Burdeos. La última persona quemada por brujería en San Juan de Luz fue una dama portuguesa acusada de haber ocultado al Maligno, con propósitos de brujería, en 1619. *Mientras se trataba su caso ante el Obispo de Bayona, en la cripta de la iglesia, una multitud de aterrados pescadores a punto de partir para Terranova irrumpió en la sala, sacó a la mujer de la iglesia y la quemó en medio de la «*Plaza.*» «No se atrevían», dijeron, «a navegar mientras tan horrible crimen permaneciera impune.» Las actas del proceso aún se conservaban en los archivos del* Mairie.

En la actualidad se dice que la varita mágica que aparece en todos estos relatos estaba hecha a partir de una rama de avellano. En los tiempos de De Lancre se hacía de la «Souhandourra», la «cornus sanguínea» o cornejo. Ese era entonces el árbol de las brujas.

EL AQUELARRE DE LAS BRUJAS

Erase una vez un joven como tantos otros en el mundo. En una ocasión estaba en un horno de cal cuando a la caída del crepúsculo aparecieron las brujas. Solían bailar allí, y aquella noche una de ellas fingía ser la señora de una casa cercana que estaba muy enferma: pues un día, al salir de la iglesia se le cayó el agua bendita al suelo y un sapo la cogió (2). Este sapo permanecía todavía cerca de la puerta de la iglesia, escondido bajo una piedra y con el pan en la boca. Y esta bruja dijo que hasta que no le quitasen el pan, la mujer no se curaría. El joven de nuestra historia escuchó todo el relato, de modo que cuando las brujas dejaron de bailar y se marcharon a casa, salió del horno, se dirigió a donde vivía la señora enferma y le dijo:

«Yo sé lo que hay que hacer para curarla», y le contó lo que le había oído a la bruja. La mujer siguió su consejo, y ese mismo día se recobró de su enfermedad, y pagó generosamente al joven por ello.

Esa misma noche, también, una muchacha jorobada se acercó al joven y le dijo:

«He oído decir que sabes dónde celebran las brujas su aquelarre.»

«Sí», respondió él.

«Mañana quisiera escuchar lo que dicen las brujas.» El joven le indicó dónde estaba el agujero del horno de cal. A medianoche comenzaron a llegar las brujas; unas venían de un sitio, otras de otro, algunas llegaron riendo, otras haciendo cabriolas. «Vamos a mirar dentro del horno, a ver qué hay», se dijeron unas a otras, y se encontraron con la jorobada a la que hicieron huir de allí:

«Corre, corre, por setos y setos, por espinas y espinas, por arbustos de aulaga y arbustos de aulaga, que arañan y pinchan.»

La pobre jorobada no pudo hallar el camino de vuelta a casa sino hasta el amanecer, destrozada y exhausta.

ESTEFANELLA HIRIGARAY

La segunda parte de esta historia es obviamente una pobre versión, con las hadas convertidas en brujas, de la «Leyenda de Knockgrafton», de Croker («Leyendas de hadas del sur de Irlanda»,

---

(2) Esta creencia en la existencia de un sapo, sentado junto a la iglesia, que ha de tragarse al Maligno la encontramos en De Lancre.

pág. 10) (*). M. Cerquand, en la Parte II, pág. 17, tiene una versión vasca, «Les Deux Bossus», *prácticamente idéntica a la leyenda irlandesa. El cuento, tal y como aparece en el libro de Croker, existe en versiones española, italiana, alemana y gascona del Bearnais. Creemos obvio que no es originario del País Vasco, sino que ha viajado hasta allí. Hemos recogido también una variante de la primera parte, en la que dos hombres oyen decir a las brujas en el aquelarre que la hija del rey sólo puede curarse comiéndose el corazón de un buey.*

LAS BRUJAS Y LOS IDIOTAS

Erase una vez dos hermanos, uno idiota y el otro tonto. Su madre era muy, muy vieja. Una mañana el hermano mayor se dispuso a salir al monte con las ovejas y dejó al tonto en casa con la madre, pero antes le dijo:

«Voy a darle a mamá un poco de chocolate ahora; luego, dentro de un rato, tú le darás un baño muy, muy caliente», y partió hacia la montaña.

El hermano menor puso el agua a calentar, y cuando estaba hirviendo le dijo a su madre:

«Mamá, el agua está caliente, ¿qué baño te gustaría tomar? (3)»

«Un baño de cenizas.»

El tonto le llevó el agua hirviendo a la cama, y como la mujer no se levantaba, le preguntó:

«¿Te gustaría un poco de caldo?»

«Sí», respondió la anciana.

«¡Mamá, entonces levántate en seguida!» Pero no se levantaba, así que el tonto la cogió en brazos y la puso él mismo dentro del agua hirviendo, y coció a su pobre madre.

«Mamá, levántate otra vez. El agua ya está fría.»

Pero la anciana no respondía. Por la noche el hermano mayor regresó del monte.

---

* Publicada en: «*Cuentos de Duendes*», de esta misma editorial (N. del E.).

(3) Es decir, un baño de salvado, o de hierbas, o de cenizas, o sólamente con agua.

«¿Cómo está nuestra madre?», le preguntó al pequeño.
«Muy bien.»
«¿Le has dado el baño?»
«Sí, pero todavía está allí. Se ha quedado dormida.»
«Vete a ver si se ha despertado ya.»
El hermano tonto fue a mirar. «No. Está riéndose, riéndose todo el tiempo.» Entonces el hermano mayor fue también a echar un vistazo, y se dio cuenta de que su madre estaba muerta. No sabía qué hacer, así que salieron al jardín, cavaron un hoyo muy grande y la enterraron allí. Después quemaron la casa y se fueron al bosque a ver a las brujas. Curaron a la hija del rey, que se casó con uno de ellos, y vivieron felices (4).

Es posible *que la primera parte del relato se trate de un hecho real. En Asté, cerca de Bagnères de Bigorre, supimos del caso de un idiota, un* «cretín,» *que empezó a descuartizar a su hermana (también una* «cretín»*), sin que ésta opusiese resistencia alguna. Les descubrieron cuando ya le había cortado varios dedos, mientras que la chica reía a pesar del dolor y la sangre.*

Conocemos otro cuento de estas características, seguramente basado también en un hecho real; tan triste es la condición de los cretinos en las montañas. Se trata de una madre y su hijo retrasado mental, el cual casi se mata al cortar él mismo la rama del árbol al que se había encaramado. Se cree muerto, y en tal estado comete unas cuantas tonterías más. Su madre piensa que quizá una esposa podría cuidarle, y le dice que «les eche un ojo» a las chicas cuando salgan de misa. El chaval se toma al pie de la letra el consejo de su madre, arranca los ojos a todas las ovejas del rebaño que tenían —con lo que las mata, lógicamente— y se los arroja a las jóvenes del pueblo, a las que por supuesto tal acción no les hace ninguna gracia y pelean con él. Vuelve a su casa, y como el rebaño de ovejas era lo único que poseían, acabaron sus días juntos en la más abyecta miseria.

---

(4) M. Cerquand presenta este relato en su totalidad, Parte II, págs 10 y 11. Los incidentes están levemente cambiados.

LA BRUJA Y EL RECIEN NACIDO

Erase una vez un hombre y una mujer como tantos otros en el mundo, que vivían de su trabajo. Tenían una mula con la que el hombre transportaba vino. A veces se pasaba una semana fuera del hogar, y siempre pernoctaba en la misma posada, regentada por una mujer y su hija. Un día salió con la mula cargada. Su mujer estaba de parto y esperaba el nacimiento de su hijo en cuestión de horas, pero había tantos pedidos que atender que el hombre tuvo que partir y dejarla sola. Llegó a la posada el día del mercado, y la ciudad estaba tan atestada de gente que no le habían guardado habitación como era la costumbre, así que le alojaron en un cuarto sin ventanas cerca de la cocina. Cuando todavía no se había dormido oyó hablar a la dueña de la posada:

«¿No sabes que la mujer del hombre que duerme ahí está a punto de parir? Ve a comprobar si realmente está dormido», le dijo a su hija. Al oír esto, el hombre empezó a roncar, fingiendo que dormía.

«Sí, sí, está dormido», contestó la hija al escuchar los ronquidos por una rendijita de la puerta.

«Tengo que ir a embrujar a ese recién nacido», dijo la mujer. (Ya se imaginan que el hombre estaba escuchando con atención). Levantó entonces una piedra del hogar de la chimenea bajo la cual había una cacerola que contenía cierto ungüento. Cogió un cepillo, lo impregnó del ungüento y se lo frotó en todo el cuerpo a conciencia, diciendo a la vez (5):

«*Bajo* todas las nubes y *sobre* todos los cercados, media hora de camino, otra media hora allí y otra media hora para la vuelta.» Y dicho esto, desapareció.

El hombre salió entonces de la habitación, y como lo había visto todo, se untó el cuerpo de igual modo, diciendo:

«*Sobre* las nubes y *bajo* los cercados (en esto metió la

---

(5) Compárese esta escena con la que se relata en el «Asno de oro» de Apuleyo. En los «Romances populares del Oeste de Inglaterra» de Hunt, págs. 110-113, aparece un «ungüento de las hadas» similar a éste.

pata) (6), un cuarto de hora para llegar hasta allí, media hora de parada, y un cuarto de hora para volver.»

Así llegó a su casa, destrozado por las espinas y con la ropa hecha jirones. Se ocultó tras la puerta del dormitorio de su esposa, con una enorme estaca en la mano. Llegó entonces un gran gato blanco, «Miau, miau» (7). Al oírlo, el hombre salió de su escondite y le atizó al gato hasta casi matarlo; luego regresó a la posada no sin dificultades, pues hubo de pasar nuevamente bajo los cercados. Al día siguiente al levantarse sólo vio a la hija.

«¿Dónde está tu madre?», le preguntó.

«Está enferma, y tú tienes que pagarme.»

«¡No! prefiero ver a tu madre.»

La mujer estaba muy mal, y el hombre no regresó a una posada nunca jamás después de aquello. Al volver a casa le contó a su esposa lo que le había acontecido, y cómo había salvado a la recién nacida. Pero no terminó ahí la cosa, pues a partir de entonces les ocurriría desgracia tras desgracia. Se les murieron todas las vascas y los demás animales, y se hundían cada vez más en la miseria más negra (8). En una ocasión caminaba meditabundo y triste el marido cuando topó con una anciana que le preguntó qué le pasaba. El le contó todos sus problemas y desdichas; todas las vacas perdidas... Había comprado más, pero también habían muerto. Estaba encantado por las brujas.

«Si es eso lo que te pasa, sólo tienes que poner un cirio consagrado bajo un celemín de trigo en el establo, y atraparás a la bruja», le aconsejó la anciana.

---

(6) El equívoco es confundir «*dessus*», sobre, «*dessous*», bajo. Esto demuestra el origen francés del relato, o al menos de la parte de la bruja, pues un error similar es impensable en la lengua vasca, cuyos términos correspondientes tienen sonidos totalmente distintos: «Gaiñetik» y «azpetik».

(7) Las brujas todavía siguen apareciendo en forma de gatos, generalmente gatos negros. Hace unos dos años nos contaron el caso de un hombre que le arrancó la oreja a un gato negro que estaba hechizando a su ganado a media noche. A la mañana siguiente, ¡la oreja era de una mujer, con pendiente y todo! El hombre la depositó en el Mairie, pero no nos desplazamos a verla pues nos encontrábamos algo lejos.

(8) Literalmente, «*roja* miseria». En vasco siempre se describe a la desdicha más intensa de cualquier clase como «*roja*».

El hombre siguió sus instrucciones y decidió ocultarse debajo del pesebre. A medianoche llegó la bruja en forma de gato y montó a lomos del buey. «Los de antes estaban deliciosos, pero éste está todavía mejor», dijo, y al oírlo el hombre salió de su escondrijo y le dio de palos hasta matarla.

Sin embargo el matrimonio seguía sin recursos. No tenían ni pan, ni maíz, ni vacas, ni cerdos, y sus hijos se morirían de hambre, así que el hombre decidió salir a buscar algo. Se topó con un caballero que le reguntó:

«¿Qué es lo que te ocurre buen hombre, que estás tan triste?»

«Es esta miseria que tengo la que me atormenta.»

«Bueno, si sólo es eso, podemos arreglarlo si quieres. Te daré todo el dinero que desees si al acabar el año averiguas y me dices con qué hace el diablo su cáliz. Si no lo consigues, tu alma nos pertenecerá.»

El hombre cogió el dinero ofrecido y volvió a su casa sin pensar en nada más. Durante un tiempo vivió feliz con su mujer y sus hijos, mas a medida que avanzaba el año fue poniéndose cada vez más triste, aunque no le contó nada a su esposa. Un día se marchó muy muy lejos para intentar adivinar el secreto exigido cuando, de pronto, le sorprendió la noche en un cruce de caminos, y allí mismo decidió ocultarse (Ustedes sabrán que las brujas se reúnen en las encrucijadas) (9). ¡Husta! ¡Fusta!, comenzaron a llegar de un lado y de otro, bailando sin parar. Así se divirtieron un buen rato, y después empezaron a contarse las novedades.

«¿No sabéis entonces que un hombre ha vendido su alma al diablo? Porque seguro que no es capaz de averiguar con qué hace su cáliz.

«¡Ni yo misma lo sé! Decídmelo», dijo una de las brujas.

«Con las uñas que se cortan los cristianos los domingos», respondió otra.

Nuestro héroe no cabía en sí de júbilo. En cuanto amaneció y las brujas se marcharon a sus casas, volvió él a la

---

(9) Existen varias supersticiones relacionadas con los cruces de caminos en el País Vasco. Cuando alguien muere, en ocasiones se quema su colchón en la encrucijada más próxima, y todos los que pasan por allí rezan un «padre nuestro» en beneficio del finado. Esta costumbre está desapareciendo, pero aún se mantiene en las familias más tradicionales.

suya. Esperó al día señalado y acudió a la encrucijada. Allí le aguardaba ya el caballero, con un montón de demonios, convencido como estaba de que se llevaría su alma al infierno.

«¿Sabes con qué hace el diablo su cáliz?», preguntó.

«No lo sé, pero probaré: ¿Con las uñas que se cortan los critianos los domingos?»

Al oír aquello, el diablo y todos sus demonios desaparecieron en medio de una gran llamarada, directos al fondo del infierno. Nuestro hombre regresó a su hogar y vivió muchos años con su mujer y su hija. Y si hubiesen vivido bien, habrían muerto bien también.

EL NIÑO ROBADO

Erase una vez un caballero y una dama como tantos otros en el mundo. Eran bastante ricos, pero les resultaba imposible criar hijo alguno: todos los que había tenido habían muerto. La mujer estaba una vez más en estado de buena esperanza, y una noche alumbró un hermoso niño. Dos jóvenes oyeron la noticia y uno le dijo al otro:

«Tenemos que darnos un buen banquete. Vamos a robar una oveja de esa casa. Con todo el barullo del nacimiento y la fiesta consiguiente no se enterarán de nada.»

Así que, apenas pasadas las once de la noche, uno de ellos se encaminó a la casa; pero en el trayecto se encontró con una anciana que le preguntó:

«¿Dónde vas, amigo? No hay nada como la verdad.»

«Voy a cierta casa. La señora ha tenido un niño y quiero aprovechar la ocasión para robarles una oveja. Hoy no se enterarán de nada. Y tú, ¿dónde vas?»

«Yo también voy a esa casa. Soy una bruja, y soy yo quien les ha matado a todos sus hijos anteriores.»

«¿Y cómo lo haces?»

«Es fácil. Cuando el recién nacido estornuda, a nadie se le ocurre decir «Domine Stekan» (10), y entonces yo me apodero del niño.»

---

(10) Se trata evidentemente de una mala pronunciación de «Dominus tecum», «El Señor esté contigo». Compárese este incidente con el efecto

La bruja entró a la casa mucho más fácilmente que el joven ladrón. Este, cuando estaba en el establo escogiendo a la oveja, oyó estornudar al recién nacido.

«¡Domine stekan, aunque me quede sin oveja!», gritó con todas sus fuerzas.

La gente de la casa salió a ver qué pasaba. El joven les contó lo que le había confesado la bruja. Como se imaginarán, tan agradecidos le quedaron que le permitieron llevarse la mejor oveja del rebaño. Los padres estaban radiantes de felicidad por haber salvado a su niño, pero ¡pobres infelices!: aún no lo habían visto todo.

Aprovechando la confusión y la alegría llegó un diablo que cogió al niño y lo abandonó después en la cuneta de un camino. Un cochero de paso vio al niño, y se lo llevó a su casa.

Aquel hombre estaba casado y no tenía hijos, aunque tanto él como su mujer lo deseaban ardientemente. Eran ricos, así que decidieron quedarse con la criatura. La esposa estaba encantada, le criaron muy bien, creció rápidamente y se hizo muy muy guapo.

El diablo por su parte se quedó en la cuna del niño robado. La mujer le daba de mamar, pero el «niño» no crecía nada. Sus padres no sabían ya qué hacer, tan afligidos estaban de tener un hijo así. Mientras tanto, su auténtico hijo era ya un chico extraordinariamente inteligente. El cochero y su esposa estaban locos por él y le querían como si fuese suyo propio. Cuando cumplió doce años, les dijo a sus padres que quería ser monje. Ellos le rogaron que se hiciese párroco solamente, pero al ver el ardiente deseo del muchacho, accedieron a su petición.

Partió, pues, y a los dieciocho años le autorizaron a decir misa. Un día, dos hombres que caminaban junto al jardín de la casa del *auténtico* padre del joven empezaron a discutir, y tanto se enfurecieron que uno mató al otro, y arrojó su cadáver al jardín. El padre del monje fue juzgado y condenado a muerte por aquel asesinato.

---

opuesto provocado por el «Dios te salve» del cuento «*Master and Man*», de Croker, págs. 96 y 97.

El día del crimen el monje se encontraba diciendo misa en la iglesia. Entonces se le acercó volando una paloma blanca y le contó lo que estaba ocurriendo junto a la casa de su padre, y le dijo que ella tomaría la forma del monje y él, a su vez, la suya, «de ese modo podrás ir para allá como una paloma.» Así lo hizo el joven, y llegó justo cuando conducían a su padre al cadalso. Tras él caminaban los jueces y una ingente multitud. El monje les preguntó qué había hecho el condenado. «Ha matado a un hombre», le respondieron. «Háganme un favor», les rogó el monje. «Antes de matarle, vengan conmigo a la tumba del muerto.» «De acuerdo», contestaron.

Por tanto todos se dirigieron hacia el cementerio. El joven monje hizo abrir la tumba, devolvió la vida al hombre y le preguntó, mientras señalaba a su padre:

«¿Es éste el que te ha matado?»

«¡No!», respondió el muerto, y dicho esto se murió otra vez.

El monje no deseaba conocer la identidad del asesino, le bastaba con aquella confesión. Su padre quiso llevarle a su casa e invitarle a cenar, pero el joven rechazó la invitación. «Iré dentro de una semana», anunció.

Imagínense la cena que prepararon para la fecha señalada. No faltaba de nada. Todos los amigos y conocidos de la familia habían sido invitados para alegrarse con ellos. La mujer quiso mostrarle al monje a su hijo, mostrarle cómo le había dado de mamar durante dieciocho años y cómo no habían crecido nada, pues estaba igual que cuando nació. El monje se puso a orar allí mismo, y todos vieron cómo lo que había creído que era un niño escapaba volando en forma de diablo, envuelto en fuego y llamas, y arrastrando tras de sí parte de la casa. El monje le dijo a su madre que no se sintiese dolida ni humillada por haber criado a un demonio, pues sería más feliz sin aquel «niño».

Todos quedaron atónitos ante el poder del monje, pero la madre aún continuaba afligida. Para consolarla, el joven le contó su historia. Cómo él era su verdadero hijo, cómo el diablo se lo había llevado de la cuna y lo había abandonado en un camino. Cómo aquel cochero le había recogido y le había criado, y cómo se había hecho monje. Después de la magnífica cena, el joven regresó a su convento, y su padre y su madre vivieron honrosamente como hasta entonces. Y como vivieron bien, murieron así también.

CATHERINE ELIZONDO

VI. CUENTOS DE HADAS (*)

Bajo este encabezamiento incluímos todas aquellas leyendas que no encajan fácilmente en otros. Fée *y hada no son del todo sinónimos. Cuentos tales como los de las «Mil y una noches» podrían considerarse* Contes des Fées, *pero difícilmente como* Cuentos de hadas, *aunque podría decirse que la primera categoría incluye a la segunda. Hemos dividido estas leyendas en dos grupos: (A) Aquellas que muestran mayor o menor similitud con las leyendas celtas, tal y como están recogidas en los «Tales of the West Highlands» de Campbell, y en otras; (B) Aquellas que pensamos han sido tomadas directamente del francés.*

Hemos escogido la denominación «celtas» porque la cuestión más candente que en la actualidad preocupa a los vascos es su relación con ese pueblo, y por tanto cualquier dato que pueda arrojar un poco de luz sobre la cuestión tendrá cierto interés para una pequeña parte de la comunidad científica. Nadie negará, pensamos, que estas leyendas recuerdan hasta cierto punto a las celtas. La cuestión de si su afinidad con éstas es más marcada que con la corriente general de la mitología indoeuropea está abierta a debate, igual que la referente a si los vascos las han tomado de los celtas o los celtas de los vascos. Una de las leyendas que presentamos, la de «Juan Dekos», procede claramente del gaélico, y ello desde la ocupación celta de las

(*) En el original «*Contes de Fées*», que a pesar de la advertencia —muy justa, por otra parte— de Webster, hemos decidido traducir así. (Nota del Editor).

Hébridas (1). El mismo término «celtibérico», tal y como lo emplean los clásicos, evidencia algún tipo de contacto entre celtas y vascos en tiempos remotos, tanto si consideramos los términos «Vasco» e «Ibérico» como coextensivos e intercambiables como si no. No comprendemos el papel *que juega la «Yegua Blanca» en estos relatos. «¿Está acaso relacionado con la figura del caballo que tan frecuentemente aparece en las monedas llamadas «celtibéricas», o bien se trata de una simple variante de las «Harits, o caballos de sol» del sánscristo? En su obra, Vol. I, pág. 63, Campbell afirma que éstos «eran siempre femeninos, como los caballos de las historias gaélicas».*

*Quizá valga la pena mencionar que no conocimos los «*Tales of the West Highlands» *de Campbell sino después de haber registrado por escrito estas leyendas.*

(A). CUENTOS SIMILARES A LOS RELATOS CELTAS

MALBROUK (2)

Erase una vez un hombre y una mujer como tantos otros en el mundo, que estaban cargados de hijos y eran muy pobres. El hombre salía todos los días al bosque a conseguir madera para su familia. Su mujer, por aquel entonces estaba a punto de dar a luz. Un día, mientras trabajaba en el bosque, el marido vio llegar a un caballero:

«¿Qué estás haciendo, amigo?» le preguntó éste.

«Estoy recogiendo madera para mantener a mi familia.»

«¿Entonces es que eres muy pobre, no?»

«Sí, sí, muy pobre.»

«Si me haces padrino de tu próximo hijo, te entregaré un montón de dinero.»

---

(1) Ver las notas de «Juan Dekos», pág. (148).

(2) Creo que esta palabra aparece en algunas de las «*Chanson de Gestes*», y en las «Pastorales» vascas, dando nombre a un diablo musulmán. Si no, probablemente se trate de nuestro «Duke of Marlborough», algo transformado. Recuérdese la canción «*Malbrouk s'en va en guerre*» (El «Mambrú se fue a la guerra» castellano).

«De acuerdo, acepto.»

Entonces el caballero le entregó mucho, mucho dinero, y nuestro amigo regresó a casa. Poco después su mujer dio a luz, pero como no sabían donde vivía el padrino, nada podían hacer para comunicarle el nacimiento, y decidieron esperar.

Sin embargo, el misterioso caballero apareció de alguna parte. Inmediatamente fueron a la iglesia, y le puso al recién nacido el nombre de Malbrouk, y a la vuelta, padrino y niño se desvanecieron como el humo. Los padres quedaron muy dolidos, aunque ahora tenían mucho dinero. A su debido tiempo, la pena pasó.

El viejo Malbrouk regresó a su casa, donde le esperaban su mujer, que era bruja, y sus tres hijas. El pequeño Malbrouk creció rápido, y a los siete años era ya tan alto como un hombre. Su padrino le dijo un día:

«Malbrouk, ¿te gustaría ir a tu verdadero hogar?»

«¿Es que no estoy ahora en mi verdadero hogar?»

«No, pero puedes ir a conocerlo si quieres y pasar allí tres días. Dirígete a cierta montaña, y la primera casa que veas es la tuya.»

Malbrouk partió hacia la montaña, y vio la casa. Allí encontró a sus dos hermanos cortando madera junto a la puerta. «Soy vuestro hermano», les dijo, pero no le creyeron. Le hicieron pasar y le llevaron ante sus padres. «Soy Malbrouk», les dijo. Ellos no cabían en sí de asombro ante un niño de siete años con semejante tamaño. Pasaron tres días maravillosos, y a su término Malbrouk les dijo a sus hermanos:

«Hay sitio de sobra para vosotros en casa de mi padrino. Venid conmigo», y para allá marcharon los tres juntos.

A la bruja no le agradó en absoluto su llegada. «No sé», le dijo a su marido, «estos tres hombres nos traerán alguna desgracia. Tenemos que matarles.»

El viejo Malbrouk no deseaba hacerlo, pero la bruja no le dejaba en paz, así que le prometió que al cabo de tres días los mataría. ¿Qué hizo entonces el pequeño Malbrouk? Las tres hijas del matrimonio dormían con coronas en la cabeza, y él y sus hermanos con gorritos de algodón. «Vamos a hacer un cambio», les propuso el pequeño Malbrouk a sus hermanos. «Ahora nos toca a nosotros ponernos las coronas.» A las chicas les pareció muy bien, y les cedieron gustosas sus coronas. Una noche el viejo Malbrouk fue a la habitación, palpó con la mano en la oscuridad y cuando encontró tres cabezas con los gorritos de algodón, actuó. Cuando el pequeño Malbrouk vio aquello, despertó a sus hermanos, se calzó las botas de siete leguas de su padrino y huyó muy, muy lejos.

«¿Has tenido buen cuidado de asegurarte de a quién has matado?», le preguntó la bruja a su marido, «no estoy nada convencida de que no hayas cometido alguna estupidez»; entonces se dirigió al dormitorio y allí se encontró con sus tres hijas muertas.

Malbrouk y sus hermanos llegaron a la morada de un rey, en un país donde todo era tristeza. «¿Qué sucede?», preguntaron. «El rey ha perdido a sus tres hijas», les respondieron. «Yo las encontraré», les prometió Malbrouk.

El rey fue informado inmediatamente, e hizo llamar a Malbrouk. «Yo las encontraré», volvió a prometer el joven, y partió con sus dos hermanos. Habían recorrido un corto trecho cuando se toparon con una anciana.

«¿Dónde váis tan deprisa?», les preguntó.

«Vamos a buscar a las tres hijas del rey.»

«Volved al palacio del rey y pedidle trescientas brazas de cuerda nueva, un cubo y un cascabel.»

El rey les entregó inmediatamente lo que pedían, y regresaron donde estaba la anciana. «Ahí están las muchachas», les dijo ésta, señalando a un pozo (3). El mayor de los tres hermanos se metió en el cubo y se dispuso a descender al fondo. «Cuando sienta miedo, haré sonar el cascabel», les advirtió a los otros.

Había bajado sólo unos metros cuando se asustó, de modo que hizo sonar el cascabel. Entonces le subieron y probó suerte el segundo hermano. También éste sintió miedo cuando apenas había llegado un poco más abajo. Por último, le tocó el turno a Malbrouk. «Cuando dé un tirón a la cuerda, me subís con rapidez», les indicó a sus hermanos.

Descendió y descendió Malbrouk, hasta que decubrió

(3) Ver en Campbell, «El cuento de Connal», Vol. I, pág. 142.

una hermosa casa bajo tierra, y en ella una hermosa dama con una serpiente dormida en su regazo.

«Vete de aquí, te lo ruego», le advirtió la joven. «El (dijo señalando a la serpiente) duerme sólo tres cuartos de hora, y si se despierta, se acabó todo para tí y para mí.»

«No importa», le respondió Malbrouk. «Apóyale la cabeza en el suelo muy, muy despacio, sin despertarle.»

Así lo hizo la joven, y entonces Malbrouk la invitó a montar en el cubo y tiró de la cuerda. Dejó a la joven arriba, volvió a bajar, y se encontró en otra cámara. Había allí otra dama aún más hermosa que la primera. Un león dormido descansaba la cabeza en su regazo.

«Vete enseguida de aquí», le advirtió la joven. «Pues sólo duerme media hora, y si se despierta ahora, significará el fin para los dos.»

«Ponle la cabeza en el suelo muy, muy suavamente, para que no se despierte», le dijo Malbrouk. La joven depositó la cabeza del animal en el suelo, montó en el cubo con Malbrouk, y sus hermanos les izaron a la boca del pozo.

Inmediatamente escribieron un mensaje al rey comunicándole que habían hallado a dos de sus hijas, y que enviase enseguida un carruaje para recogerlas. Como supondrán, el rey llegó de inmediato, y felicitó calurosamente a los tres hermanos. «Toma por esposa a la que más te guste de entre mis hijas», le dijo a Malbrouk.

«Cuando haya encontrado a tu tercera hija», respondió Malbrouk, «la haré mi esposa, y mis dos hermanos se casarán con estas dos jóvenes damas.» Así se acordó, y Malbrouk partió en seguida en busca de su amada, y caminó mucho, mucho tiempo. Todos los pájaros del aire le conocían, y en una ocasión se cruzó con un lobo, un perro, un halcón y una hormiga.

«*¡Oyhu!* (4), ¡Malbrouk, Malbrouk!» Le gritaron en su lenguaje. «¿Dónde vas, Malbrouk? Nos hemos pasado estos tres

(4) Esta expresión se parece extraordinariamente al «¡Ho, you!» (en castellano «¡Eh, tú!»), pero, según Salaberry, se trata de una exclamación vasca, «*Appel par un cri fort, par la voix élevée.*» «Play!» («¡Jueguen!», en castellano) como exclamación para comenzar los juegos de pelota, no tiene significado en vasco, y se cree que ha sido tomada del inglés. Hemos tomado «¡Jingo!» , «¡Por Jingo!», de «Jinkoa», «la deidad».

últimos días delante de esta oveja, y no conseguimos ponernos de acuerdo en cómo dividírnosla. Tú la dividirás.»

Malbrouk se acercó, temblando de pensar que a lo mejor también le dividían a él. Le cortó la cabeza a la oveja y se la entregó a la hormiga.

«Con esto tendrás suficiente para ti y para todos los de tu casa», le dijo. Después le dio las tripas al halcón, y cortó el cuerpo por la mitad para el lobo y el perro. Todos quedaron satisfechos, y Malbrouk continuó su camino muy, muy silenciosamente. Apenas se había alejado unos metros cuando la hormiga dijo:

«No le hemos dado a Malbrouk ninguna recompensa.»

«¡Regresa!», le gritó el lobo.

Malbrouk se dio la vuelta temblando como un flan, pues creía que había llegado su turno. Sin duda iban a devorarle. La hormiga le habló:

«No te hemos dado nada, después de la excelente división que has realizado para nosotros, por ello siempre que quieras convertirte en hormiga, no tienes más que decir "¡Jesús, hormiga!", y serás una hormiga.»

«Cuando quieras convertirte en halcón», declaró la rapaz, «dí "¡Jesús, halcón!", y verás al halcón.»

«Cuando quieras transformarte en lobo, grita "¡Jesús, lobo!," y serás un lobo.»

Lo mismo le dijo el perro (5), y Malbrouk, muy contento, siguió internándose en el bosque.

«¿Malbrouk, dónde vas?», le preguntó un pájaro carpintero.

«A buscar a la hija del rey.»

«No te será fácil encontrarla, porque como han rescatado a sus dos hermanas, él se la ha llevado al otro lado del Mar Rojo (6), a una isla. Allí la tiene prisionera en una

---

(5) En el primer cuento de Campbell, «*The Young King of Easaidh Ruadh*», el héroe recibe la ayuda de un perro, un halcón y una nutria. Véanse las notas a la traducción de este cuento que aparece en los «*Contes de la Grande Bretagne*», de Brueyre. Véase un incidente aún más parecido en «*The Sea-Maiden*», págs. 73 y 94.

(6) Véase en este mismo libro «Tabakeira», pág. (102), y «*Old Deccan Days,*» págs. 83 y 91. Resulta curioso oír hablar del Mar Rojo a narradores tan distantes como los Lingaets del Decán y los vascos. Probablemente

hermosa casa, cuyas puertas y ventanas están tan cerradas que solamente las hormigas pueden entrar.»

Malbrouk se marchó contento de oír tales noticias, seguro ya de que encontraría a la princesa. Caminó hasta llegar a la orilla más próxima a la isla, y recordando lo que le había dicho el halcón, dijo: «¡Jesús, halcón!» (7), e inmediatamente se convirtió en uno de ellos, y voló hasta el lugar que le había indicado el pájaro carpintero. Allí comprobó que únicamente podría entrar en forma de hormiga, así que gritó: «¡Jesús, hormiga!», y se coló a través de la celosía de una ventana. La visión de la bella dama le dejó petrificado. «Jesús, hombre», dijo, y volvió a ser hombre.

«Márchate de aquí enseguida», le dijo la princesa. «O serás hombre muerto. El está a punto de venir, ese horrible cuerpo sin alma (8). Dentro de un cuarto de hora estarás muerto.»

«Me convertiré otra vez en hormiga y me ocultaré entre tus pechos, pero no te rasques muy fuerte, no sea que me aplastes.»

Dicho aquello, llegó el monstruo. A la joven le entregó perdices y palomas para cenar, y él mismo se comió unas serpientes y cierto bicho asqueroso. «Me duele un poco la cabeza», le dijo a la princesa nada más acabar la cena. «Coge ese martillo y dame un golpecito a ver si se me pasa.» La joven apenas podía levantar el martillo de lo que pesaba, pero se las arregló como pudo y envió al monstruo al mundo de los sueños. Malbrouk salió de su escondite y se dispuso a compartir las perdices y las palomas con la princesa.

«Tienes que preguntarle», le explicó Malbrouk, «como si te fuese la vida en ello, qué habría que hacer para que muriera. Antes le cuentas lo desgraciada que te sentirías si

---

ninguno de los cuales tenía la más remota idea de la ubicaicón geográfica de este mar; ciertamente nuestro narrador vasco la ignoraba.

(7) En «*The Sea-Maiden*» de Campbell el héroe sólo necesita pensar en los animales para que éstos acudan a su lado, pero no se transforma en ellos.

(8) Campbell habla de «El Gigante que no tenía corazón en su cuerpo», en «Norse Tales», 1859. Véanse las referencias que ahí aparecen, y las de los «*Contes Populaires de la Grande Bretagne*» anteriormente citados. M. d'Abbadie nos ha pasado el resumen de un salvaje relato de Tártaros en el que el héroe «pelea contra un cuerpo sin alma».

le matasen, tanto que te dejarías morir de hambre en esta prisión si tal cosa sucediera.»

«Sí, así lo haré», acordó la princesa. El monstruo volvió en sí:

«¡Ay, ay, ay! ¡Mi cabeza! Coge el martillo y golpéame fuerte.»

La joven le aporreó la cabeza con el martillo hasta quedar extenuada, y entonces le dijo:

«¡Qué desgraciada sería si tú murieras.»

«Yo nunca moriré. Quien supiese cómo matarme, conocería un gran secreto.»

«Jamás querría verte muerto. Me moriría de hambre en esta isla si tú no estuvieses. Tienes que decirme qué cosa podría matarte.»

«¡No! No sería la primera vez que una mujer engaña a un hombre. No te lo diré.»

«A mí sí que puedes decírmelo. ¿A quién podría contárselo? No veo nunca a nadie. Nadie viene a esta isla.»

Finalmente el monstruo cedió:

«Hay que matar a un terrible lobo que vive en el bosque. Dentro de él hay un zorro, y dentro del zorro una paloma. La paloma tiene un huevo sobre su cabeza. El que me golpease la frente con ese huevo, me mataría (9). Pero ¿quién va a saber todo esto? Nadie.»

«Nadie, afortunadamente. Yo también me moriría si algo te pasara», le dijo la princesa.

El monstruo se durmió otra vez, y la hormiga volvió a salir de su escondite, muy contenta de conocer el secreto. A la mañana siguiente, Malbrouk salió hacia el bosque, y allí vio al terrible lobo. «¡Jesús, lobo!» gritó, y se convirtió en lobo. Los dos animales se pelearon hasta que Malbrouk derribó a su contrincante y le asfixió. Regresó entonces junto a la joven princesa. «Ya tenemos al lobo. Le he matado y lo he dejado en el bosque», le contó a la joven. En aquel momento llegó el monstruo:

«¡Ay, ay, ay, mi cabeza! Dame fuerte con el martillo, rápido.» La princesa le golpeó hasta cansarse. «Han matado

(9) Véanse los «*Tales of the West Highlands*» de Campbell, y «*Old Deccan Days*» («Punchkin»), págs. 14 y 15.

al lobo», le dijo el monstruo. «No sé si es un mal presagio. Tengo mucho miedo.»

«No tienes nada que temer», respondió la princesa. «¿A quién podría yo haberle contado algo? Nadie puede entrar aquí.»

El mostruo se marchó, y la hormiga volvió al bosque. Abrió al lobo, y de él salió un zorro que escapó a toda velocidad. «¡Jesús, perro!», gritó Malbrouk, y se lanzó en su persecución. Cuando consiguió atraparlo comenzaron a pelear, y lo mató también. Al abrirlo, salió volando una paloma. «¡Jesús, halcón!», dijo Malbrouk, y se convirtió en un halcón, y voló tras ella hasta atraparla con sus terribles garras. Le sacó el preciado huevo de la cabeza y regresó orgulloso a la prisión de la princesa.

«Ahora es tu turno. Hazlo tú sola.»

Y una vez más se convirtió en hormiga. Llegó entonces nuestro monstruo, gimoteando porque estaba acabado, decía, pues se habían llevado el huevo de la paloma, y qué iba a ser de él, pobrecillo.

«Dame con el martillo en la cabeza, anda», le pidió a la princesa.

«¿De qué tienes miedo? ¿Quién va a haber cogido ese huevo? ¿Y cómo iba a golpearte con él en la cabeza?»

«Así», le indicó el monstruo. La joven, que tenía el huevo en la mano, le dio en la frente como le acababa de explicar, y la bestia cayó muerta. La hormiga surgió de su escondite. «Debemos salir inmediatamente para la casa de tu padre», le dijo a la joven. Abrieron una ventana, y el joven se convirtió en halcón: «Agárrate fuerte a mi cuello», y emprendieron el vuelo hasta el otro lado de la isla.

Malbrouk le escribió al rey pidiéndole que mandase a recogerles. Imagínense la fiesta que hubo en aquella corte. El rey quería casar a los dos jóvenes inmediatamente, pero Malbrouk se negó. «Antes tengo que traer mi dote», dijo.

«Con lo que has hecho ya es suficiente dote», le respondió el rey, pero Malbrouk no le escuchó y marchó muy, muy lejos, a la casa de su padre. Allí había una vaca cuyos cuernos de oro daban diamantes como fruto. Un chico solía vigilarla mientras estaba pastando. «¡Eh!, ¿es que no oyes que el amo te llama?» le gritó Malbrouk (10). El vaquero le creyó y se fue corriendo hacia la casa. Al verle llegar, el amo le recriminó desde la ventana: «¿Pero dónde vas, dejando sola a la vaca? ¡Vuelve enseguida! Esto debe ser cosa de Malbrouk.» El vaquero se dio la vuelta y al regresar al prado se encontró con que la vaca ya no estaba. Malbrouk se la había llevado, y muy orgulloso, se la regaló a su futura esposa, que la recibió complacida.

Mas aunque el rey ya deseaba que se celebrase el matrimonio, Malbrouk no accedió todavía, pues quería hacerle un regalo al propio rey, de modo que regresó nuevamente a su casa paterna. Quería robarle una luna que iluminaba siete leguas a la redonda. El viejo Malbrouk solía beberse todas las noches un barril entero de agua, así que el joven Malbrouk lo vació. Al caer la noche, el viejo Malbrouk se encontró su barril vacío.

«No tengo ni una gota de agua» le dijo a su esposa. «Ve y tráeme un poco. No puedo soportar esta sed que tengo.»

«Ya es de noche, enciente tu luna», le respondió la mujer. El viejo la encendió y la colocó en lo alto de la chimenea, y entonces el joven Malbrouk, aprovechando que todos habían ido a la fuente, cogió la luna y se la llevó al rey. «Ahora has cumplido más que de sobra», le dijo éste. «Es hora de que te cases.»

Pero Malbrouk no quería casarse todavía: quería traer algo más. Su abuelo tenía un violín que emitía una música maravillosa sólo con rozarlo con los dedos, una música que podía oírse a siete leguas de distancia. Malbrouk entró en la casa y en cuanto cogió el violín, comenzó a escucharse una hermosa melodía. El viejo Malbrouk entró corriendo y sorpendió al joven en plena faena.

Le agarró y lo encerró en una jaula de hierro.

«Esta noche vamos a asarte y luego te comeremos», aseguró.

El viejo se fue al bosque en busca de leña, y su mujer

---

(10) Malbrouk parece adoptar aquí la personalidad de «Hermes, el ladrón astuto». Si la memoria no nos traiciona, esta vaca aparece también en la mitología india.

se quedó cortando astillas pequeñas, poniendo especial esmero en ello.

«Déjame salir de aquí y te cortaré esa leña», le dijo el joven Malbrouk. «Podréis matarme igual esta noche.»

La mujer le abrió la jaula. Malbrouk se puso a trabajar, pero pasado un ratito cogió uno de los pedazos de madera más grandes, le atizó con él a la mujer, y la mató. Después encendió un gran fuego, metió el cadáver en un caldero y lo puso a cocer. Por último cogió el violín y se marchó. Cuando el viejo Malbrouk oyó la música del violín, se dijo:

«Seguro que mi mujer no podía esperar más y ha matado a Malbrouk, y para mostrarme su alegría se ha puesto a tocar el violín.» Y se olvidó del asunto. Al regresar y ver el caldero al fuego, se detuvo satisfecho a contemplarlo, pero al acercarse un poco distinguió algunos pelos largos que sobresalían de éste. Se acercó aún más, y entonces vio que era su mujer la que estaba ya medio cocida. Imagínense su furia.

El joven Malbrouk llegó al palacio real y se casó con su amada princesa. Se celebraron grandes festejos, y como el rey era ya bastante viejo, le entregó la corona a Malbrouk, diciéndole que se la había ganado. Vivieron todos muy felices, y Malbrouk hizo reyes también a sus hermanos.

LAURENTINE
De unos 35 años. Se lo escuchó a su madre.

EL PESCADOR Y SUS HIJOS

Erase una vez un pescador como tantos otros, que vivía con su mujer. Un día estaba pescando y atrapó un hermoso pez (en aquel tiempo todos los animales y las cosas hablaban), y el pez le dijo (11):

---

(11) Compárese este relato con «*The Sea-Maiden*» de Campbell, Vol. I, pág. 71. La sirena ocupa en él el lugar del pez. Además de los tres hijos, los tres potros y los tres perritos, hay tres árboles que crecen detrás de la casa y sirven como señal, como el pozo con agua hirviendo. El rela-

«¡Ten piedad de mí! ¡Ten piedad de mí! ¡A cambio te daré todo lo que quieras!»

Y el pescador le perdonó la vida y volvió a casa sin haber pescado nada más.

«¿Dónde están los pescados?» le preguntó su mujer, y él le contó cómo había cogido un pez que le había suplicado que le perdonase la vida, y cómo lo había devuelto al agua.

«¿Es que has perdido la cabeza?», le regañó su mujer. «¡Coges un pez y lo echas al agua!», y empezó a insultarle, hasta le llamó «pedazo de asno».

Al día siguiente el pescador lanzó su anzuelo y ¡qué casualidad! volvió a atrapar al mismo pez. «¡Perdóname la vida!» le rogó una vez más. «¡No!», dijo el hombre. «Mi mujer se puso furiosa la otra noche.» El pez le respondió que le daría cuanto dinero quisiese, y finalmente el pescador le dejó ir. Permaneció allí el resto del día, pero ningún otro pez mordió su anzuelo, así que regresó a casa con las manos vacías. Su mujer se puso de nuevo hecha una furia, y él le dio algo de dinero para acallarla, pero de nada sirvió. «¡Debías haberte traído el pez!» le dijo.

Por tercera vez el hombre salió de pesca, y el mismo pez volvió a quedar atrapado en su anzuelo. «Déjame volver al agua», le rogó. «No puedo hacerlo. Mi mujer me echó otra bronca terrible ayer por la noche. Debo llevarte a casa.»

«Bueno», añadió el pez. «Ya que vas a llevarme a tu casa, te diré cómo has de dividirme. Debes darle la cola al perro, mi cabeza a la yegua y el cuerpo a tu esposa. Pasado un tiempo, tu mujer tendrá tres hijos que serán exactamente iguales. La yegua tendrá tres potrillos, que también serán idénticos, y la perra tendrá tres cachorritos, los tres iguales. Y si le ocurre alguna desgracia a alguno de los tres niños, el agua del pozo que está detrás de tu casa empezará a hervir.»

Su mujer hizo tal y como el pez había indicado, y dio a luz tres hermosos niños exactamente iguales, y la yegua tuvo tres potrillos también iguales, y lo mismo le sucedió a la perra.

Cuando los niños crecieron, uno de ellos les dijo a sus

---

to «*Les Deux Jumeaux*» de los «*Contes Agenais*» de Bladé, es idéntico en estos detalles. Véanse también las notas de Köhler, pág. 148.

padres que quería salir a ver mundo. Sus padres no se mostraron precisamente entusiasmados con la idea, pero era tal el ansia del muchacho que finalmente le dejaron partir. Cogió un caballo y un perro muy grande y bonito, y también una espada (12) y se marchó. Viajó durante mucho tiempo hasta llegar a la posada de una ciudad. Todos parecían tristes y lloraban. «¿Qué ocurre aquí?» preguntó. «Una serpiente de siete cabezas vive en la montaña, y todos los días debemos echar a suertes para saber a quién sacrificamos, pues la bestia necesita comerse una persona cada día. Hoy le ha tocado a la hija del rey, y estamos todos muy tristes (13). Mañana, sin falta, debe partir muy temprano hacia la montaña», le explicaron los aldeanos.

Nuestro joven héroe cogió su caballo, su perro y su espada y partió tras la joven, manteniéndose oculto hasta que ésta llegó a la cima de la montaña. Entonces salió a la vista, y la princesa le dijo:

«¿De dónde sales tú? Date la vuelta enseguida, o te comerán igual que a mí. Ya es suficiente con que uno muera.»

Pero el joven no quería regresar. «Intentaré hacer algo por tí», dijo. En aquel momento escucharon un siseo escalofriante y apareció la serpiente. El chico le dijo a su perro: «Cumple con tu tarea», y el perro saltó sobre la bestia y la sujetó, mientras que el joven sacó la espada y le cortó las siete cabezas lo más rápido que pudo. Después cortó las lenguas de las siete cabezas y se las guardó en el bolsillo. La princesa llevaba puestos siete vestidos, a cual más hermoso, y el joven cortó un pedazo de tela de cada uno de ellos. La joven hija del rey no sabía cómo darle las gracias, y le ofreció que regresase con ella al palacio real, pero nuestro héroe no quiso acompañarla, y se dirigió solo a su posada.

El rey proclamó que aquel que hubiera matado a la serpiente se había ganado la mitad de su reino y a su hija en

(12) Los cuentos gaélicos le sacan mucho más partido a las espadas. En ellos, casi siempre son armas mágicas o místicas.

(13) Este episodio de la pelea con la bestia de siete cabezas es presentado en idéntica forma en el relato gaélico «La Sirena», págs. 76 y 77. Véase también «*Rouge Etin,*» en la obra de Brueyre. (Ver también un cuento similar en «*Cuentos Cosacos*», recopilados por R. Nisbet Bain, editados en esta misma colección. N. del E.).

matrimonio, por lo que era preciso que se diese a conocer. Nuestro amigo no apareció, pero sí lo hizo un carbonero (14) que se había encontrado las siete cabezas mientras paseaba un día por la montaña. El hombre se presentó como el ejecutor de la serpiente, pero la princesa no le reconoció, y le dijo a su padre que aquel no era su salvador. Mas como ningún otro aparecía, el matrimonio quedó a punto para celebrarse. En aquel momento, la princesa vio a nuestro héroe y se lo señaló a su padre. El rey no la creyó, pero hizo llevar a ese hombre a su presencia, y le ordenó al carbonero mostrar las siete cabezas, lo que hizo éste muy orgulloso. Entonces nuestro joven héroe le dijo que abriese las bocas, y, claro, resultó que no tenían lenguas; así que él sacó las lenguas que se había guardado y los siete pedazos de los vestidos de la princesa, y todos se convencieron de que era él quien había matado al monstruo. El carbonero fue quemado vivo en medio de la plaza del mercado.

Nuestro joven se casó con la princesa y se celebraron muchas fiestas en honor de quien les había librado del terrible monstruo. Cuando cayó la noche, los novios se retiraron a su cámara, la princesa se arrodilló para rezar sus oraciones y el joven se asomó a la ventana, y la luz de la luna le permitió observar un magnífico castillo (15) que nunca había visto antes.

«¿Qué es eso?» le preguntó a su esposa.

«Nadie va a ese castillo, pues todos cuantos fueron jamás regresaron (16).»

Pero el joven le respondió que debía ir; así que cogió su caballo, su perro y su espada y emprendió la marcha.

Por más vueltas que daba no conseguía hallar la entrada, hasta que por fin descubrió una pequeña puerta semiescondida. Llamó con los nudillos y una anciana le abrió y le preguntó qué quería.

---

(14) En el relato gaélico el carbonero es un general.

(15) En «La Sirena», pág. 82, este incidente ocurre no durante la noche de bodas, sino unos días después. Mucho nos tememos que la imagen de la esposa rezando y el marido indiferente es bastante poco ficticia.

(16) En «La Sirena», pág 82, el incidente aparece así: «No vayas, no vayas», dijo la esposa. «Ningún hombre que haya ido ha regresado jamás».

«Me ha parecido este castillo tan hermoso por fuera que estoy ansioso por verlo desde dentro.»

La anciana le dejó pasar y le llevó hasta una mesa repleta de cuantos manjares puedan imaginarse. La mujer le invitó a comer algo. «No me apetece nada», respondió el joven, pero tanto le insistió la anciana que acabó tomando un bocado. En cuanto lo hizo, se convirtió en un monstruo terrible, y además ya no fue capaz de encontrar la salida del castillo.

Al mismo tiempo *el agua del pozo de su casa comenzó a hervir,* tal y como había vaticinado el pez. Todos supieron que alguna desgracia le había ocurrido al joven. Uno de sus hermanos se dispuso a salir inmediatamente en su ayuda. Cogió un caballo y un perro, el padre y la madre le dieron cuanto dinero tenían, y partió. Como estaba predestinado (17), llegó a la misma pensión que su hermano. Desde ella, pensando que era el otro, avisaron al rey, que había iniciado su búsqueda por toda la comarca. Le llevaron al palacio y le ofrecieron una magnífica cena en su honor, y él les dejó hacer sin decir una palabra sobre su verdadera identidad.

Tras la cena subió al dormitorio con la princesa, y tal como había ocurrido la otra vez, ella se arrodilló a rezar y él se asomó a la ventana. «¿Qué es ese castillo tan hermoso?» le preguntó a la joven.

«¡Tú no sabes qué lugar horrible es ése! Quien va allí jamás regresa», respondió ella.

«Entonces partiré para allá ahora mismo.»

«¿Es que vas a volver a ese castillo? No vayas, ¡te lo ruego!» le imploró la princesa. Mas nada habría podido detener a nuestro amigo. Igual que su hermano, vagó alrededor del castillo hasta dar con la puertecilla semioculta, y llamó con su nudillos. La anciana le abrió:

«¿Qué deseas?», le preguntó.

«He visto este castillo por fuera y me gustaría echar un vistazo al interior.» La anciana le condujo hasta la mesa tan espléndidamente preparada. De nada faltaba en ella. «Toma algo», le invitó, y aunque el joven no deseaba nada, la

(17) En euskera, «como debe y tiene que ser».

vieja insistió hasta que se tomó un bocadito, y se convirtió en un monstruo terrible, y no pudo encontrar la salida.

El agua del pozo de su casa comenzó a hervir, y todos supieron que algo malo le había ocurrido, así que el tercer hermano dijo que partiría en su ayuda inmediatamente. Sus padres no querían dejarle marchar, pero él les dijo: «Quizá consiga salvarles. Dejadme ir.»

Le dieron cuanto dinero pudieron reunir, cogió un caballo y un perro y partió. Viajó muy, muy lejos, y llegó también a la posada en que habían dormido sus hermanos. Volvieron a tomarle por el hermano mayor, y dieron aviso al rey, que envió a recogerle inmediatamente. Se organizaron grandes festejos, pues pensaban que habían vuelto a recuperar a su príncipe. Ella se arrodilló a musitar sus oraciones nocturnas y él, queriendo ver algo de las fiestas, se asomó a la ventana. Entonces descubrió el magnífico castillo.

«¿Qué es esa hermosa casa?» preguntó.

«¡¿Cómo?! ¡¿Es que *tú* no sabes lo que es eso?! Nadie regresa de allí nunca. Tú mismo sabes lo que ocurre, porque has estado allí», le respondió la sorprendida esposa.

«Debo ir a verlo otra vez.»

«No te lo permitiré», aseguró la joven, pero él la apartó de su lado, cogió su caballo y su perro y se marchó. Dio vueltas y vueltas alrededor del castillo sin poder hallar la entrada, hasta que apareció una anciana y le dijo:

«¿Qué crees que te va a ocurrir aquí? El que entra aquí jamás vuelve a salir.»

«Precisamente por eso quiero entrar, para ver qué es lo que sucede.»

Entonces la anciana le dio una paloma cocinada, lista para comer, y le dijo:

«Ahí dentro encontrarás a una vieja, que intentará obligarte a comer algo, pero si eres listo no le harás caso. Le mostrarás la paloma y deberás convencerla de que la pruebe, entonces tendrás pleno poder sobre ella.»

El joven encontró la puertecilla y llamó. «¿Qué deseas?», le preguntó la anciana del castillo. «Sólo quiero ver el castillo», contestó él. La mujer le dejó entrar y le llevó ante la mesa llena de viandas. Le apremió a que probase algo. «Es imposible», le dijo el joven, y le mostró la paloma que guardaba en su bolsillo. «No he podido comérmela», dijo, «y tú tienes que probarla.» Pero la anciana se negó. El joven insistió hasta que consiguió que la mujer comiese un bocado, y entonces le preguntó:

«¿Qué has hecho con mis hermanos?»

«No sé nada de ellos, no sé de qué me hablas.»

«Mandaré a mi perro que te rompa el cuello si no me lo dices.»

Entonces la anciana le llevó ante dos horribles monstruos.

«Devuélveles a su forma anterior», le ordenó el joven. «Si no lo haces, verás lo que te pasa. Y hazlo bien.» Así que la anciana puso manos a la obra y les devolvió su aspecto anterior, e igual hizo con sus caballos y sus perros.

Los tres hermanos regresaron al palacio real. Imagínense la sorpresa de los aldeanos al ver llegar a tres caballeros exactamente iguales. Le preguntaron a la princesa que cuál de los tres era su marido, y en verdad le pusieron en un aprieto, pues no era capaz de distinguirlos, hasta que el que había matado a la serpiente habló: «Yo soy tu marido.»

Se organizó un gran festejo, y los dos hermanos recibieron un montón de dinero de manos del rey, y también sus padres, y emprendieron el regreso a su hogar. La anciana del castillo fue quemada en medio de la plaza del mercado, y el joven matrimonio recibió el hermoso castillo como regalo, y allí vivieron felices. Y como habían vivido bien, murieron así también.

CATHERINE ELIZONDO

La última *parte de este relato aparece mucho más detallada en la versión gaélica, y es curioso leer esta observación del compilador de los relatos de la obra de Campbell: «El relato gaélico está recogido con la mayor fidelidad posible a las palabras utilizadas por Mackenzie, pero él cree que su historia está bastante abreviada.» No puede haber dudas en cuanto a la identidad de las dos historias, aunque cada una de ellas incluye lo que le falta a la otra.*

TABAKIERA (LA TABAQUERA) (18)

Erase una vez un hombre que, como tantos otros en el mundo, deseaba viajar. Un día partió, y se encontró una tabaquera. Al abrirla, la tabaquera dijo:

«¿Qué quieres?» (*)

El hombre se asustó tanto que la guardó enseguida en el bolsillo, aunque afortunadamente no la tiró. Siguió adelante, y al cabo de un rato pensó:

«(Creo que) si volviese a preguntarme "¿Qué quieres?", sabría muy bien qué responderle», así que volvió a sacarla del bolsillo.

«¿Qué quieres?», dijo la tabaquera al ser abierta.

«Quiero mi sombrero lleno de oro.»

Y ¡zas!, su sombrero se llenó de oro.

El hombre se quedó anonadado, y pensó que nunca más necesitaría nada. Siguió caminando y tras cruzar algunos bosques llegó a un hermoso castillo en el que vivía un rey. Nuestro hombre comenzó a dar vueltas a su alrededor con aire insolente.

«¿Qué es lo que buscas?», le preguntó el rey.

«Ver tu castillo.»

«¿Te gustaría tener uno igual?»

Nuestro hombre no contestó, pero al llegar la noche, sacó la tabaquera y la abrió.

«¿Qué quieres?»

«Aquí, en este mismo lugar, un castillo con maderas de oro y plata, azulejos de diamantes y todo el mobiliario de oro y plata (19).»

(*) «¿Qué quieres?», en castellano, en el original (N.T.).

(18) También nos fue relatado en vasco «La linterna poderosa», que era la historia de la lámpara de Aladino, con excepción de *un* incidente. El presente relato se parece mucho más a la versión gaélica, aunque en ésta última (Campbell, Vol. II, págs. 297 a 299) hay una dama que entrega la tabaquera al protagonista. Al ser abierta, la tabaquera dice «*Eege gu djeege*», respecto a lo que Campbell comenta: «La explicación a estos sonidos fue que "era como si la tabaquera estuviese preguntando". Los sonidos carecen de significado, que yo sepa, en lengua alguna».

(19) Véase la versión de MacCraw en el trabajo de Campbell, nota, Vol. II, pág. 301.

Apenas había acabado de decirlo cuando descubrió, frente al castillo del rey, otro castillo tal y como lo había pedido. Cuando el rey se levantó a la mañana siguiente, quedóse petrificado ante tan espléndida construcción: sus azulejos le cegaban la vista.

«Debes ser un hombre de gran poder (20). Ven a mi casa y viviremos juntos. Tengo una hija, así que te casarás con ella.»

Así lo hicieron, y vivieron todos juntos y felices en el maravilloso castillo. El joven se casó con la hija del rey.

Pero el rey tenía una esposa que envidiaba al recién llegado y a la princesa. Se enteró por su hija que tenían una tabaquera que cumplía todos sus deseos, y planeó (con una sirvienta) arrebatársela, pero el matrimonio la escondía con sumo cuidado todas las noches. Por fin una noche la criada averiguó el escondite y mientras dormían la cogió y se la llevó a su ama. ¡Qué contenta se puso!

«¿Qué quieres?», preguntó la tabaquera al ser abierta.

«Debes conducirnos a mí, a mi marido, a nuestros criados y a esta hermosa casa al otro lado del Mar Rojo (21), y dejar a mi hija y a su marido aquí.»

Cuando los dos jóvenes despertaron por la mañana, se encontraron en el castillo viejo, y la tabaquera había desaparecido. La buscaron por todas partes, pero fue inútil. El marido no esperó ni un momento y partió a buscar su castillo y su tabaquera. Cogió un caballo, lo cargó de oro y emprendió la marcha. Buscó por todos los pueblos cercanos hasta que se le acabó el dinero, pero nada halló. Entonces se puso a mendigar y a alimentar a su caballo lo mejor que pudo para seguir adelante. Alguien le dijo que tendría que

---

(20) «Poder», en estos relatos, en la lengua vasca, siempre parece significar «poder mágico», aludiendo a cierta capacidad de hechizar o al don de realizar proezas.

(21) En la versión de Campbell se habla del «reino del rey bajo las olas», o «reino de las ratas». Una rata ocupa el lugar de la criada que le roba la tabaquera al héroe. Los «Deccan Tales» también mencionan el Mar Rojo.

ir hasta la Luna, que era un viaje muy largo, y se ofreció a guiarle.

Cuando por fin consiguió llegar, se topó con una anciana. «¿Qué has venido a hacer aquí?», le interrogó la mujer. «Mi hijo devora criaturas de todas clases. Si confías en mí, debes irte antes de que llegue.»

El hombre le contó todas sus desdichas: que tenía una tabaquera con grandes poderes, que se la habían robado, y que ahora no tenía nada, y se encontraba lejos de su esposa. «Quizá tu hijo, en sus viajes, haya visto mi palacio con maderas de oro y tejas de diamantes», añadió.

En ese preciso momento apareció la Luna. «Huelo a ser humano», le dijo a su madre. «Hay aquí un pobre desgraciado que lo ha perdido todo y ha venido a buscar tu ayuda», respondió la mujer.

«Muéstrame a ese tipo», ordenó la Luna, y nuestro hombre apareció:

«¿Has visto en alguno de tus largos viajes una casa con vigas de oro y azulejos de diamantes, y estructuras de oro y plata?» preguntó, y luego le contó cómo se la habían robado.

«No», respondió la Luna, «pero el Sol realiza viajes aún más largos que yo, así que mejor ve a verle a él».

Nuestro héroe reemprendió la marcha a lomos de su caballo, y por fin llegó a la casa del Sol. Había allí una anciana que le dijo:

«¿De dónde vienes tú? ¡Lárgate de aquí! ¿Es que no sabes que mi hijo se come a todos los cristianos?»

«¡No, no me iré! Soy tan desgraciado que no me importa siquiera que me coma», y entonces le contó cómo lo había perdido todo; que tenía una casa sin igual en el mundo, con vigas de oro y azulejos de diamante, y todos los ornamentos de oro y piedras preciosas, y que había vagado durante tantísimo tiempo tratando de encontrarla en vano, que no había nadie tan desdichado como él. La mujer le ocultó. Salió el Sol y dijo:

«Huelo a cristiano, y tengo que devorarlo», pero entonces su madre le contó que se trataba de un pobre desgraciado que lo había perdido todo y había venido a hablar con él. «Enséñamelo», dijo el Sol, y apareció el joven y le preguntó si había visto un palacio como ningún otro, con vigas de oro y azulejos de diamantes, y el resto de oro y plata.

«No», le contestó el Sol, «pero el Viento del Sur puede encontrar todo aquello que yo no puedo ver, porque se mete en todos los rincones. Si alguien sabe dónde está tu palacio, es él.»

Nuestro pobre hombre partió una vez más, mendigando para él y para alimentar a su caballo, hasta que llegó a la morada del Viento del Sur (22). Encontró allí una anciana mujer que estaba llenando de agua un montón de barriles. Al verle, le dijo:

«¿En qué estabas pensando cuando decidiste venir aquí? Mi hijo devora cuanto se encuentra por delante cuando regresa furioso y hambriento. Ten mucho cuidado con él.»

«Me da lo mismo», respondió nuestro héroe. «Que me coma. Soy tan desgraciado que no temo a nada.»

Y le contó todas sus desgracias: «he abandonado a mi esposa para salir en busca del castillo, y el Sol me ha aconsejado que venga aquí a consultarle a tu hijo», concluyó.

La anciana le escondió entonces en el hueco de la escalera. El Viento del Sur llegó tan irritado que parecía que iba a tirar la casa abajo, y muy sediento. Iba a beber cuando olió el olor de los cristianos:

«Saca lo que tienes escondido», le ordenó a su madre. «Empezaré por comérmelo.»

«Come y bebe lo que te he servido», le respondió la anciana, y mientras lo hacía le contó todas las desdichas del pobre hombre, y cómo el Sol le había perdonado la vida y le había enviado a verle. El Viento del Sur quiso ver a aquel desgraciado, y éste le contó cómo vagaba por ahí buscando su casa, y que si alguien podía saber dónde estaba, era él. «¿No has visto mi hermoso palacio por algún sitio?»

«Sí, sí, y hoy mismo he pasado sobre él y no he sido capaz de arrancarle ni una sola teja», respondió el Viento del Sur.

«¡Oh! ¡Si me dijeras dónde está!», le rogó el hombre.

---

(22) El viento del Sur es el más temido de los vientos locales en el país vasco. Es siempre caliente, y en ocasiones muy violento. Tras soplar durante dos o tres días suele traer lluvia y una fuerte tormenta.

«Está al otro lado del Mar Rojo, muy lejos de aquí.»

Pero a nuestro héroe no le asustaban las distancias, ¡había viajado tanto! Así que se puso en camino y llegó por fin a la ciudad que le había indicado el Viento del Sur. Preguntó si alguien necesitaba un jardinero. «El jardinero del castillo acaba de marcharse», le dijeron, «y quizá allí quieran darte trabajo.» Hacia el castillo encaminó sus pasos. ¡Imagináos su alegría al verlo! «¿Necesitáis un jardinero?», preguntó. «Sí», le dijeron.

Pasó un tiempo bastante feliz en el castillo, mientras procuraba hablar con una criada sobre las riquezas de los amos y el poder que tenían, y tanto la aduló y engatusó que consiguió sacarle la historia de la tabaquera. «¡Cuánto me gustaría poder verla un día!», le dijo. Una noche la criada le llevó a verla, y nuestro hombre se fijó en el lugar donde la ocultaban. Cuando todos dormían, fue a aquella habitación y cogió la tabaquera. Comprenderán Vds. con cuánta alegría la abrió:

«¿Qué quieres?», habló la tabaquera.

«Qué quieres, qué quieres (23), llévanos a mí y al castillo a donde estábamos antes, y ahoga al rey, a la reina y a todos sus sirvientes en este Mar Rojo.»

Nada más decirlo, la tabaquera le llevó con su esposa, y vivieron felices y el rey y los demás perecieron en el Mar rojo (24).

MAHISTRUBA, EL PATRON DE BARCO

Erase una vez un patrón de barco como tantos otros en el mundo. Ya no salía a la mar, de tantas pérdidas y desgracias como había tenido, pero para divertirse bajaba todos los días a la playa, y se encontraba a una enorme serpiente.

---

(23) El hombre se dirige cariñosamente a la tabaquera, como si «qué quieres» fuese su nombre.

(24) Las semejanzas y diferencias de este relato respecto del gaélico «The Widow's Son», de Campbell, Vol. II, págs. 293-303, demuestran que ambos deben ser versiones independientes de algún cuento original como «La lámpara de Aladino», pero no simples copias de él.

«Dios te ha dado la vida», le decía al monstruo. «Vive, pues.»

Este marinero vivía con lo que ganaban su mujer y su hija, que eran costureras. Un día la serpiente le dijo:

«Preséntate a cierto constructor de barcos y ordena tantas toneladas de carga. Pregunta el precio, y ofrece el doble de lo que te pidan (25).»

Así lo hizo el marino, y al día siguiente regresó a la orilla para decírselo al animal. La serpiente le dijo entonces que contratase a doce hombres fuertes, y que les ofreciese el doble de lo que pidiesen. Así lo hizo, y volvió a contárselo. La serpiente le dio todo el dinero que necesitaba. El constructor de barcos se quedó atónito al ver que le pagaba tanto, un tipo tan pobre, pero se apresuró a terminar el encargo lo antes posible.

La serpiente le dijo que reservase un espacio vacío muy grande en la bodega del barco, y que pusiese en él un cofre. El marino trajo el cofre y la serpiente se metió dentro. Se terminó el barco y el marinero embarcó el cofre y salió a alta mar.

Todos los días nuestro patrón visitaba a la serpiente, pero los marineros ignoraban a qué iba a la bodega, o qué era lo que contenía aquel enorme cofre.

Habían navegado ya muchas jornadas, mas nadie conocía el destino del viaje. Un día, la serpiente le dijo al patrón que iba a desatarse una tormenta tan terrible que el cielo y la tierra se juntarían, y que a medianoche un gran pájaro negro sobrevolaría el barco. Debían matarlo, por tanto había que buscar algún cazador entre la tripulación.

«¿Alguno de vosotros es cazador?», preguntó a sus hombres.

«Sí, yo», respondió uno de ello. «Soy capaz de matar a una golondrina en pleno vuelo.»

«Muy bien, muy bien, serás útil», le dijo el patrón, y bajó a contarle a la serpiente que tenían al hombre que necesitaban. En aquel mismo instante el cielo se oscureció, la tierra

(25) Doblar el precio tiene por objeto conseguir la mercancía lo más rápidamente posible (en la mitad de tiempo que el habitual). Al menos, ésta es la explicación del narrador.

se juntó con las nubes y todos empezaron a temblar de miedo. La serpiente le entregó al patrón una botella de buen licor para el cazador, y lo situaron en lo alto del palo mayor. A medianoche se escuchó un chillido estremecedor: era el pájaro negro que volaba sobre el barco. El cazador acertó a matarlo, y en ese mismo instante el mar retornó a la calma.

«Hemos matado al pájaro negro», le contó el patrón a la serpiente.

«Ya lo sé», respondió ésta.

Varios días de travesía más tarde, la serpiente preguntó:

«¿No estamos cerca de tal puerto?»

«Sí, lo tenemos a la vista.»

«Muy bien. Allí es donde nos dirigimos. Ve y pregunta a tus hombres si hay algún corredor entre ellos.»

El patrón volvió a la cubierta y reunió a los marineros:

«¿Hay algún corredor rápido entre vosotros?»

«Soy capaz de atrapar una liebre en plena carrera», respondió uno.

«Tanto mejor, tanto mejor. Te será útil», le dijo el patrón.

Cuando le comunicó la buena noticia a la serpiente, ésta le instruyó así:

«Dejarás al corredor en este puerto, y le dirás que vaya a la cima de un montecillo. Allí encontrará una casita, y una anciana que la habita. Hay también una rueda de afilar, una piedra de mechero y un yesquero. El corredor debe cogerlos y traerlos a cubierta uno por uno, en tres viajes distintos.»

Así que el corredor partió hacia la montaña, y llegó a la casa. Allí estaba la anciana, tejiendo junto al umbral, con los ojos enrojecidos.

«Vengo desde muy lejos sin probar nada de agua», le dijo el corredor. «¿Podrías darme siquiera una gota?»

«No», respondió la mujer.

«Te lo ruego. No conozco los caminos de este país, ni sé siquiera hacia dónde me dirijo.»

La vieja, con la mirada fija en el hogar de la chimenea, le respondió al fin: «Bueno, te daré un poco de agua», y se fue a buscar el cántaro. Entonces el marino cogió la rueda de afilar y salió corriendo a toda velocidad, pero la anciana corrió tras él. En el mismo instante en que el marino saltaba a la cubierta del barco, la anciana consiguió agarrarle de la camisa, y de un tirón le arrancó un pedazo de tela y con él una tira de piel de la espalda (26).

El patrón fue a ver a la serpiente:

«Tenemos la rueda, pero nuestro hombre ha perdido una tira de piel de la espalda.»

La serpiente le proporcionó una cura para el desgarrón y una botella de buen licor. «Mañana ya estará curado», le aseguró al patrón, «pero ha de volver a la casa.»

«¡No, no!», dijo el marinero al saberlo. «Que el diablo se lleve a esa anciana si quiere, pero yo no vuelvo allí más.»

Pero como al día siguiente ya estaba curado, partió de nuevo hacia la montaña. Se puso una camisa sin mangas y un par de pantalones gastados, y se alejó.

«Mi navío ha naufragado junto a la costa», mintió a la anciana, «y llevo dando vueltas más de cuarenta y ocho horas. Te suplico que me dejes acercarme a tu fuego y encender mi pipa.»

«No», respondió la mujer.

«Ten compasión. ¡Soy tan desgraciado! Es sólo un pequeño favor lo que te pido.»

«¡No, no! Ayer mismo me engañaron.»

«Pero no todo el mundo es un sinvergüenza. No temas.»

Por fin la anciana se levantó y fue hacia el fuego, y cuando se agachó a cogerlo (27) el hombre agarró la piedra de mechero y escapó a toda velocidad. Pero la anciana corría tan rápido como él, y consiguió echarle mano justo cuando saltaba a la cubierta del barco. Le desgarró la camisa, y con ella toda la piel del cuello y la espalda.

«Ya tenemos la piedra», le dijo el patrón a la serpiente.

«Ya lo sé», respondió el animal.

El patrón le dio de nuevo al corredor la medicina y el licor para que al día siguiente estuviese curado, y pudiera volver a la montaña, pero el marinero se negó. «No, no quiero

---

(26) Véase el cuento servio de los «Cuentos de hadas eslavos», de Naaké, pág 7.

(27) Es decir, el pedazo de «*braise*» o ascua del fuego, que en las casas vascas está siempre casi a ras de suelo.

volver a ver a esa vieja de ojos rojos.» «Todavía queremos el yesquero», le explicó el patrón.

Al día siguiente le volvieron a dar licor. Eso le infundió coraje y deseos de volver. Se disfrazó de náufrago, y así, medio desnudo, marchó al monte.

«¿Podrías darme un poco de pan?», le dijo a la anciana. «No he comido desde hace mucho. Ten compasión de mí, no sé dónde ir».

«Lárgate de aquí, a donde te dé la gana», le respondió la vieja. «No sacarás nada de mi casa, y no dejaré que nadie entre. Tengo que vérmelas con enemigos todos los días.»

«Pero, ¿qué puedes temer de un pobre hombre que solamente quiere un poco de pan, y que se marchará en cuanto se lo des?»

Finalmente la anciana se levantó y fue hacia la alacena; mientras, nuestro marinero cogió el yesquero y escapó. La mujer salió tras él, pero el marino conseguía mantenerse por delante. Justo cuando iba a saltar al barco, la vieja le agarró del cuello y le desgarró toda la piel hasta las plantas de los pies. El marino cayó insconciente, y no sabían si estaba vivo o muerto.

«Ya tenemos el yesquero», le dijo el patrón a la serpiente, «pero nuestro corredor está en grave peligro. No sé si vivirá. Esta vez le ha arrancado toda la piel, desde el cuello hasta los pies.»

«Tranquilizáos, tranquilizáos», respondió la serpiente. «Mañana estará curado. Aquí está la medicina y el licor. Ahora estáis salvados. Sube a cubierta y haz disparar siete salvas de cañón.»

Así lo hizo el patrón, y la serpiente regresó a la bodega.

«Ya hemos disparado siete salvas.»

«Disparad doce salvas más, pero no temáis nada. Vendrá la policía, os esposarán y os meterán en prisión, y vosotros les pediréis, como un favor, no ser ejecutados sin que hayan echado un vistazo al barco, para demostrarles que nada hay en él que os haga merecer tal castigo.»

El patrón siguió sus instrucciones, y en cuanto hubieron disparado las doce salvas, llegaron la policía y los jueces. Esposaron a todos, y los encerraron en prisión. A los marineros no les hacía ninguna gracia todo aquello, pero el patrón los tranquilizó:

«Pronto seréis liberados.»

Al día siguiente, el patrón solicitó hablar con el rey. Le llevaron a su presencia, y el rey le dijo:

«Habéis sido condenados a morir en la horca.»

«¡¿Qué?! ¡¿Sólo porque hemos disparado algunas salvas de cañón vais a colgarnos?!»

«Sí, sí, porque durante siete años no hemos escuchado en esta ciudad el sonido de los cañones (28). Estamos de luto, yo y todo mi pueblo. Tenía un sólo hijo, y le he perdido. No puedo olvidarle.»

«Yo no conocía esa noticia ni sabía que tuvierais dictadas tales órdenes, por lo cual te ruego que no nos mates sin antes ir a ver si hay algo en nuestro barco por lo que podáis condenarnos con justicia.»

El rey fue hacia el barco con todos sus cortesanos, sus soldados, sus jueces, en una palabra, con todo el mundo. Y al subir a cubierta, ¡qué sorpresa! El rey encontró a su amado hijo, que le contó cómo una anciana le había encantado, y cómo por ello y durante siete años había tomado la forma de una serpiente (29). También le relató cómo el patrón del barco iba todos los días a caminar a la playa, y cómo le había perdonado la vida diciéndole: «Tú también eres una criatura del buen Dios.» «A ese hombre de buen corazón le debo la vida», dijo el príncipe.

Regresaron a la corte y todos los marineros fueron liberados, y al patrón le entregaron una gran suma de dinero como dote para sus hijas, y el barco para él mismo. A los marineros les proporcionaron cuanta comida y bebida deseasen durante todo el tiempo que decidiesen permanecer allí, y después dinero suficiente para vivir el resto de sus

---

(28) En todo el sur de Europa, en Grecia, Italia, España, Portugal, etc., disparar cañones, pistolas, fuegos artificiales, es una práctica general en todo tipo de «*fêtes*», especialmente en las de carácter religioso. El ensordecido extranjero a menudo echa de menos leyes como las infringidas por Mahistruba, pero véase el cuento «Juan de Kalais».

(29) Véase en este mismo volumen el cuento «La serpiente del bosque».

vidas. El rey y su hijo vivieron felices, y como habían vivido bien, murieron felices también.

GACHINA
El que fabrica las redes.

DRAGON

Un rey tenía un hijo de nombre Dragón, que era lo más disoluto que pueda imaginarse. Se gastó todo el dinero que tenía, y aún más. No bastándole con esto, le exigió a su padre su dote. El rey se la dio inmediatamente, y Dragón se marchó llevándose consigo a un amigo tan pervertido como él (30), que había sido soldado. Rápidamente se gastaron todo. En una ocasión en que atravesaban un bosque, avistaron un hermoso castillo. En su interior descubrieron una mesa ya preparada con una cena magnífica, así que se sentaron a cenar. Como seguía sin aparecer nadie, subieron a continuación a las plantas superiores para ver el resto de la mansión, y se encontraron con camas también preparadas, así que se echaron a dormir.

Tras pasar una buena noche, Dragón se levantó con el alba, abrió los postigos de la ventana y ante sus ojos apareció un deslumbrante jardín.

Dragón bajó al jardín. Todavía no había visto a nadie por allí, pero al pasar bajo una higuera escuchó una voz que le hablaba:

«¡Ay! ¡Ay! ¡Ay! ¡Qué pena tengo por ti, y qué sufrimiento me estás causando!»

Dragón miró a todos lados pero no vio nada.

«¿Quién eres?», preguntó a la voz invisible. «No lo entiendo. ¡Aparece!»

---

(30) Este relato guarda alguna semejanza con «Three Soldiers», cuento que aparece en el trabajo de Campbell junto con varias versiones del mismo. Vol. I, pág. 176. Parece tratarse de un cuento muy conocido.

«No puedo hacerlo hoy», respondió la voz. «Pero quizá mañana me veas. Mas para poder hacerlo tendrás que sufrir mucho.»

Dragón prometió sufrir lo que fuese necesario, y la voz le dijo:

«Mañana por la noche te harán padecer toda clase de torturas, pero no debes decir nada. Si lo consigues, me verás mañana.»

Toda la conversación entre Dragón y la voz se había desarrollado ante el amigo soldado, pero éste no advirtió ni escuchó nada.

Regresaron nuevamente a la casa y allí se encontraron una vez más la comida ya lista. Dragón anhelaba la llegada de la noche para saber qué era lo que iba a ver. Se fue a dormir, y pasadas las once percibió una presencia que se le acercaba, y comenzó a sentir pinchazos por todo el cuerpo, pero ni siquiera abrió la boca. Cuando el gallo cantó «Kikirikí», cesó la tortura. Dragón permaneció echado en la cama esperando la salida del sol para volver a la higuera. Por fin, tras una espera que le pareció interminable, bajó corriendo al jardín: y allí bajo la higuera, la figura de una joven empezó a surgir desde el interior de la tierra, hasta que a la altura de los hombros se detuvo.

«La noche pasada has sufrido en silencio», le habló la joven, «pero esta noche te harán sufrir mucho más. No sé si podrás resistirlo sin hablar.»

Dragón le prometió que sufriría aún más para salvarla.

Como de costumbre, Dragón y su amigo se encontraron con la comida y la cena preparadas, y llegado el momento se fueron a dormir. La tortura volvió a cernirse sobre Dragón, pero aún más dolorosamente. El muchacho resistió en silencio, y sólo cuando el gallo cantó «Kikirikí», le dejaron en paz. En cuanto salió el sol, Dragón bajó al jardín, y se encontró con que la joven era visible hasta las rodillas. Estaba encantado de poder salvar a una mujer tan hermosa.

«Todavía no has padecido nada», le dijo la joven con voz triste. «Esta noche te harán sufrir dos veces más.»

«Tengo el coraje suficiente como para resistir cualquier

cosa», le respondió Dragón, «porque quiero verte salir de este estado.»

Llegó la noche, y Dragón sintió que eran dos las presencias que se le acercaban, en vez de una como las noches pasadas. Uno de aquellos seres era cojo (y ya saben ustedes que los cojos y los tullidos son los más crueles) (31), y le dijo al otro:

«¡¿Cómo?! ¡No has sido capaz de hacer hablar a este desgraciado! ¡Yo le haré hablar, ya lo verás!»

Y entonces le cortó los brazos, y luego las piernas, pero nuestro Dragón no dijo nada. Siguieron torturándole hasta que el gallo cantó «¡Kikirikí!», y quedó libre. El muchacho estaba asustado de pensar qué iba a ser de él ahora que no tenía ni brazos ni piernas, pero al instante se dio cuenta de que otra vez estaba completamente entero. Mientras reposaba esperando el amanecer, escuchó un estruendo aterrador. Quedóse helado, mudo, esperando lo peor, cuando súbitamente apareció ante él la joven:

«Tú me has salvado», le dijo. «Estoy muy contenta contigo, pero aún no es suficiente: debemos marcharnos de aquí inmediatamente.»

Así que los tres se fueron del castillo juntos, y viajaron durante mucho, mucho tiempo, hasta que llegaron a una ciudad. La joven no consideró adecuado alojarse en la misma posada que nuestros amigos, y se fue a dormir a otra. A la mañana siguiente se levantó temprano y fue a ver al dueño.

«Vendrá un caballero preguntando por mí», le dijo. «Le dirá usted que me he ido, y que si desea verme debe ir a la fuente de los Cuatro Cantones (32) y allí esperarme. Pero debe darse prisa.»

Efectivamente, Dragón fue a buscarla, y recibió el mensaje. Ese mismo día corrió con su amigo a la fuente. Como la dama no había llegado, Dragón se entretuvo comiendo una pequeña nuez que había encontrado en su bolsillo.

---

(31) Este es un comentario del narrador del relato.

(32) Hay una parte de la ciudad de Bayona que se llama «*Les Cinq Cantons*» («Los Cinco Cantones»).

Nada más hacerlo, se quedó dormido (33). Llegó entonces la joven dama, y al verle, le dijo a su amigo:

«Dragón ha comido algo. Dile que volveré; pero por favor, por favor, que no coma nada más.»

La dama les dejó un bonito pañuelo y se marchó. Inmediatamente, Dragón se despertó. Su amigo le contó que ella había venido, y que le había dicho que no debía comer nada, y le mostró el pañuelo. Dragón se sintió como un estúpido, y se pasó el resto del día esperando la hora de la próxima cita.

A la mañana siguiente, muy, muy temprano, nuestro héroe marchó a la fuente y se dispuso a esperar a la joven dama; pero como tenía que ocurrir, se encontró una nuez en el bolsillo y se la comió, quedándose dormido al instante. Apareció entonces la dama, y al verle dijo que volvería al día siguiente, pero que Dragón no tenía que comer nada, y se marchó dejando otro pañuelo. ¡Imagínense como se sentiría nuestro amigo cuando despertó! Por tercera vez acudió a la fuente al día siguiente, y, como estaba predestinado, al ver que la joven no acudía (se le había hecho tarde) cogió una manzana de un árbol y se la comió, y cayó dormido al instante. Otra vez regresó la joven y volvió a hallarle durmiendo. Entonces le dio a su amigo un anillo para Dragón, y le encargó decirle que si quería verla la buscase en la Ciudad de Los Cuatro Cuartos. Dragón estaba desolado.

«Dios sabe cuándo daré con esa ciudad, así que lo mejor será que vayamos cada uno a buscarla en una dirección», le dijo a su amigo.

Se separaron, pues, y Dragón se fue muy, muy lejos. Llegó a una montaña y allí se encontró con un hombre que tenía agua bendita en la puerta de su casa, y quienquiera que la utilizase era bien recibido en ella. Dragón entró y preguntó si sabía dónde quedaba la Ciudad de Los Cuatro Cuartos.

«No», le respondió el hombre, «pero hay animales de tierra y de aire que quizá podrían guiarte hasta allí», y dicho esto, empezó a silbar. Llegaron bichos de todos lados,

---

(33) Hay un sueño involuntario semejante en «El hijo de la viuda», de Campbell, Vol. II, pág. 296, en el que la dama no puede despertar a su amante.

y el hombre les preguntó: «¿Sabéis dónde está la Ciudad de Los Cuatro Cuartos?». «No», le contestaron. «Bueno, no te preocupes, tengo un hermano que vive en tal monte», le dijo a Dragón, «él tiene muchos más animales que yo. Todos están bajo su poder. Ve a él y pregúntale.»

Así que Dragón emprendió el camino hacia la casa del hermano. «¿Sábes dónde está la Ciudad de los Cuatro Cuartos?», le preguntó. «No, pero tengo animales que lo sabrán, si es que hay alguien que pueda saberlo», le dijo el hermano, y se puso a silbar, convocándolos a todos. Dragón empezó a ver llegar animales de todos lados, grandes y pequeños. Temblando de miedo, les preguntó uno a uno si sabían dónde estaba la Ciudad de los Cuatro Cuartos. «No», le contestaron. Pero entonces el hermano se dio cuenta de que faltaba uno: el águila, y silbó llamándola.

«¿Sábes dónde está la Ciudad de los Cuatro Cuartos?», le preguntó Dragón.

«Vengo justamente de allí», respondió el águila.

«Entonces debes guiar a este hombre hasta ella», le dijo el hombre de la montaña.

«Le llevaré muy gustosa si me da un pedazo de carne cada vez que yo abra el pico.»

«Sí, estupendo», aceptó Dragón, y se fue a comprar un buey. El águila le dijo que se subiese a su espalda, y así lo hizo Dragón, cargado con su buey, y cada vez que el águila abría la boca, Dragón le daba un pedazo de carne.

Se vieron obligados a cruzar el mar, pero la carne de buey se acabó justo en medio del océano, cuando sobrevolaban un gran islote rocoso. El águila abrió el pico, y como ya no había más carne, ¿qué hizo Dragón? Se cortó un pedazo de la carne de sus propios muslos, y se la puso al águila en la boca (34), pues temía que le dejase abandonado en aquel perdido islote. Llegaron por fin a la otra orilla del mar, y el águila le dejó allí, diciéndole:

---

(34) Respecto al incidente del águila, véase «Las tres hijas del Rey de Lochlin», de Campbell, Vol. I, págs. 238-9: «Cuando estaban en la entrada de la cavidad se acabaron las provisiones, y se disponía a dar la vuelta. Pero él se arrancó un pedazo de carne de su propio muslo y se lo dio al águila, y de un salto se puso ésta en tierra.»

«Estás en la Ciudad de los Cuatro Cuartos. Haz aquí lo que tengas que hacer. Yo regreso a mi casa.»

Nuestro amigo preguntó si había alguna novedad por la ciudad. «La hija del rey va a casarse hoy», le dijeron. Era costumbre allí permitir la entrada a la iglesia exclusivamente a los invitados a la boda, pero Dragón sobornó a uno de los guardianes, y le aseguró que simplemente se quedaría calladito en un rincón. También era costumbre hacer públicas las amonestaciones en el momento mismo de la ceremonia, así que cuando el sacerdote hizo la pregunta, Dragón salió de su rincón y dijo:

«Hago una objeción.»

Se dirigió hacia la joven dama, que le reconoció inmediatamente; él le mostró el anillo y los pañuelos, y le pidió que se casase con él.

«Este será mi marido», dijo ella. «Se lo ha ganado.»

Dragón todavía cojeaba, pues le faltaba el pedazo de muslo que le había dado al águila. Se casaron, pues, y el otro novio volvió a su casa bastante avergonzado. Dragón y la joven vivieron felices, porque ambos habían sufrido mucho. Entonces yo estaba allí y lo ví, aunque ahora estoy aquí.

LOUISE LANUSSE
St. Jean Pied de Port

EZKABI-FIDEL

Había una vez una madre que tenía un hijo, como tantas otras en el mundo, como tantos de nosotros. Eran muy pobres, y el hijo quería marcharse a (decía) mejorar su situación, que aquello no era vida. La madre sufría por ello, pero ¿qué podía hacer, sino dejarle ir? Así que un día el joven se marchó, y viajó durante días y días. Llegó a un bosque y se encontró con un caballero.

«¿A dónde vas?», le preguntó el hombre.

«He dejado mi casa para hacer algo que mejore mi situación», le respondió el joven.

«¿Quieres ser mi criado?», le ofreció el caballero.

«Sí», aceptó el muchacho, y caminaron juntos hasta llegar a un hermoso lugar. Allí, el caballero le entregó a Fidel (así se llamaba el muchacho) todas las llaves de la casa, pues él tenía que irse de viaje. «Echa un vistazo a toda la casa», le dijo, «encontrarás cuanto necesites para comer, y cuídame los caballos del establo.»

En aquel establo había gran cantidad de caballos, y en medio de todos ellos una yegua blanca (35).

«¡Ay! ¡Ay!, Fidel», habló el animal. «Sálvame, te lo ruego, y sácame de aquí. No te arrepentirás de haberlo hecho.»

Fidel se quedó clavado al oír aquella voz.

«Acércate a la yegua blanca. Es ella la que te está hablando», escuchó de nuevo.

Fidel se acercó al animal. «No puedo dejarte ir», le dijo. «El amo me ha encargado exclusivamente de cuidar a los caballos. No puedo hacerlo.»

«Trae una cacerola», le dijo la yegua, «y cuando yo la llene de agua, lávate en ella las manos y la cabeza.»

Así lo hizo Fidel, y cuál no sería su sorpresa al ver sus manos y su cabeza brillar como el oro.

«No quiero quedarme con las manos así. Lo de la cabeza no me importa, porque puedo tapármela (36).»

«Lávate las manos otra vez en el agua y volverás a tenerlas como antes», le dijo la yegua.

El tiempo pasaba, y fue mucho, pero el amo no volvía. Un día la yegua le preguntó a Fidel:

«Fidel, ¿sabes cuánto tiempo llevas aquí?»

«No tengo ni idea. ¿Seis meses quizá?»

«Seis años han pasado ya, y si el amo regresa en el sépti-

---

(35) Véase el caballo de los «Cuentos de hadas eslavos», de Naaké, el de «Ivan Kruchina» (traducido del ruso), pág. 117, y la «yegua parda y peluda» de «El joven Rey de Easidh Ruadh», Campbell, Vol. I, pág. 5. Ver también el caballo de «Uso-Andre» y de «El animal desconocido». Campell, en su Vol. I, pág. 63, señala que los caballos de los relatos gaélicos son siempre femeninos, y tanto rojos como grises.

(36) En este y en el siguiente relato, el pelo dorado de Ezkabi es obviamente semejante al lunar de belleza de «Diarmaid»: «El cual llevaba siempre una gorra para ocultarlo, pues cualquier mujer que por azar lo viese, se enamoraría inmeditamente de aquel hombre.» «Diarmaid y Grainne», de Campbell, Vol. III, pág. 39, notas y versiones.

mo te quedarás encantado, también tú, como todos los que estamos aquí. El amo es un diablo.»

Fidel se asustó tanto al oír aquello, que se dijo que lo mejor sería hacer lo que le había dicho un día la yegua: montarse en ella y escapar. Dicho y hecho. Habían avanzado un trecho muy corto cuando la yegua habló:

«Fidel, ¿ves algo detrás de tí?»

«Sí. Veo algo horrible, pero en las nubes. ¡Y es horrible de verdad! (37).»

Entonces la yegua dio una patada al suelo y dijo:

«Tierra, con tu poder haz que se forme una densa niebla donde él está.»

Siguieron su camino, y un poco más adelante la yegua preguntó otra vez:

«Vuelve a mirar hacia atrás, y dime si ves algo.»

«Sí. Veo a esa cosa terrible. Viene tras nosotros velozmente, va a alcanzarnos.»

Otra vez la yegua golpeó la tierra con su pata.

«Haz que se desate una granizada de piedras, y que la mayoría caiga donde él está.»

Siguieron adelante, y un ratito más tarde:

«Mira, hacia atrás, a ver si ves algo», le dijo la yegua a Fidel.

«¡Ya está aquí ese monstruo horrible! Es el fin. No podemos escapar. Está muy cerca.»

La yegua golpeó por tercera vez el suelo con la pata y dijo:

«Tierra, forma ante él un río, y que se ahogue en él para siempre.» y Fidel vio como el monstruo se hundía en el río.

«Ahora», le dijo la yegua, «irás a cierto lugar. Allí vive un rey. Te presentarás en su palacio y preguntarás si necesitan un jardinero. Te responderán que sí, así que te quedarás allí, pero no harás nada: el trabajo se hará solo. Todos los días nacerán tres hermosas flores en ese jardín, y tú se las llevarás a las tres hijas del rey, pero siempre le darás la más bonita a la más joven de las tres (38).»

En el palacio era costumbre llevarle la cena al jardinero,

---

(37) Compárese esta leyenda con los «*Old Deccan Days*» («El triunfo de la verdad»), págs. 62 y 63.

(38) Véase antes «El Tártaro agradecido y el Heren-Suge».

y la más pequeña de las tres hijas del rey se encargó de la tarea. Desde el primer día, la joven se sintió atraída por el jardinero, y un día le dijo que debía casarse con ella. «Eso no puede ser», respondió Fidel. «No debes pensar en casarte con una persona de baja cuna y que nada tiene. Olvídate de esos sueños.»

La joven cayó enferma, y su padre hizo llamar al médico. «Esta joven tiene mal de amores», aseguró, tras tomarle el pulso, y fue a contárselo al rey.

«Así que no estás tan enferma», le dijo el soberano a su hija.

«Si quieres que me cure, haz que venga el jardinero, y que me dé un poco de caldo, sólo así quedaré curada.»

El rey hizo llamar al jardinero, le lavó y vistió adecuadamente y le entregó el caldo para su hija. En la corte había una vieja criada que era una bruja. Sabía lo que había dicho el médico, así que se escondió en el dormitorio de la joven antes de que llegase el jardinero, para poder escuchar lo que hablasen.

«Sí», decía la hija del rey, «te casarás conmigo. No seré la esposa de ningún otro, no importa lo que me digas.»

«¡No!», respondió Fidel. «No quiero ni oír hablar del asunto.»

La bruja, que lo había oído todo, fue corriendo a contárselo al rey. La joven dama se curó, y volvió a llevarle la cena a su amado. Fidel solía darle la primera cucharada de sopa al perro, y así lo hizo aquel día, pero el perro cayó muerto en el acto. El rey hizo traer a otro perro mucho más grande, y le dio un poco de sopa: el animal cayó como fulminado. ¡Imagínense la ira de la joven princesa! Se fue a por la bruja y la hizo quemar, y después regresó a ver a Fidel a la pequeña cabaña en que vivía, situada en un rincón del jardín. Entró y le vio con la cabeza desnuda (39): brillaba como el sol, y la joven terminó de perder totalmente la cabeza por aquel

(39) Véase la anterior nota referente a «Diarmaid y Grainne», y cómo Grainne ve a Diarmaid cuando éste se quita el gorro o el casco de la cabeza. Estos «lunares de belleza» parecen ser los equivalentes de los «cestos» de Afrodita (*Cesto: armadura para la mano utilizada en el pugilato por los atletas de la Roma Antigua* (N. T.)).

joven. «*Tienes* que casarte conmigo», le suplicó, y no le dejaba en paz en todo el día; hasta que su padre le dijo:

«Si *quieres* casarte con él, hazlo, pero yo no te ayudaré con nada. Tendrás que vivir en un rincón de la montaña con tu marido, en una casa que hay allí. Sólo podrás venir a verme un día a la semana.»

Todo eso le daba igual a la joven, así que se casaron y se trasladaron a la casa de la montaña. Como el rey no les había dado dinero, de vez en cuando Fidel se cortaba su pelo de oro y su esposa se lo llevaba a los orfebres. «No tenemos suficiente dinero para pagarte esto», le decían. Pero así vivieron muy felices en aquel lugar.

Un día Fidel oyó decir que el rey estaba envuelto en una gran guerra, y le dijo a su esposa que fuese a verle. «Dile que yo también quiero ir al frente.» Así lo hizo la joven, y su padre le respondió:

«De qué me sirve un joven como él, que nunca ha matado sino grillos cebolleros? Mejor que se quede en casa.»

«¡Pero es tu yerno!», le respondió airada su hija.

«Bueno que venga tal día», accedió el rey.

Fidel fue a verle el día señalado, y le pidió un caballo y una espada. El rey le entregó un caballo ciego y cojo y, con él, Fidel emprendió la marcha. Al poco rato, el animal se hudió en el barro, y no hubo forma de sacarlo de allí. Entonces apareció la yegua blanca, y entregó a Fidel un hermoso caballo, una lanza y una espada. «Verás a tus cuñados acampados en torno a una ciudad», le dijo. «Pero no te detengas allí con ellos. Ve directo a la ciudad. Las puertas estarán cerradas, mas en cuanto las toques con tu lanza, se romperán en pedazos y los habitantes del lugar harán la paz contigo.»

Fidel partió con su nuevo caballo, rápido como el rayo; llegó a la ciudad y entró tal y como la yegua le había indicado. Todos salieron de sus casas y le honraron con mil fiestas, y declararon que ya no deseaban más la guerra. Además le entregaron las llaves de la Tesorería, y Fidel se marchó con todos los honores.

Llegó al lugar donde permanecían sus cuñados acampados: «La guerra ha terminado», les dijo, y emprendió el camino de regreso. Al llegar al lugar donde había quedado atrapado su primer caballo, se detuvo. Soltó al caballo que montaba y se dispuso a intentar ayudar al pobre animal, pero no conseguía sacarlo del barro. Pasaron por allí sus cuñados. «¿Es aquí donde has estado todo este tiempo?», le preguntaron en son de burla. «Sí», respondió Fidel. Los otros siguieron adelante, Fidel consiguió sacar a su pobre caballo, y volvió al palacio del rey. Dejó allí al animal y regresó a casa. Nada le contó de todo esto a su mujer, y ambos siguieron viviendo en el mismo agujero.

El rey estaba haciéndose viejo, y había perdido la vista por completo. Alguien le contó que había un agua que rejuvenecía a quien la tomase, y otra que hacía recobrar la vista. El rey encargó a sus dos yernos que fuesen en busca de esas aguas, pues él no viviría mucho tiempo en tal estado. Sus esposas les entregaron una manzana de oro a cada uno (40), y ambos partieron en busca del agua. Llegaron muy, muy lejos, pero no encontraban nada. Agotados, se detuvieron en una bella ciudad; cada uno de ellos tomó una esposa y se quedaron a vivir allí.

Cuando Fidel vio que sus cuñados no volvían, le dijo a su mujer que debía salir a buscar las aguas. «Quizá yo pueda encontrarlas», dijo, y partió sin decirle ni una palabra al rey.

Viajó, y viajó, y se encontró a una anciana que le dijo: «¿Dónde vas?»

«Busco un agua que hace recobrar la vista y otra que hace jóvenes a los viejos (41), y no volveré a mi hogar sin haberlas encontrado.»

«Pronto verás a dos animales peleando cerca de ti. Esa será la señal: acércate a ellos y recoge la hierba que revive a los muertos. Luego cuécela y guarda el caldo.»

Un poco más adelante, Fidel vio, en efecto, a dos lagartos peleando tan fieramente que uno terminó matando al otro, así que después cogió una hoja de hierba, tocó al muerto,

---

(40) Ver en el cuento español «Juanillo el Loco», Patrañas, pág 38, las dos perlas de oro que son entregadas a cambio de aguas con propiedades semejantes.

(41) Véase adelante «El árbol que cantaba,...»

y éste volvió a la vida (42). Fidel recogió un poco de esa hierba y regresó a ver a la anciana.

«Toma estas dos botellas», le dijo la mujer. «Una es para hacer recobrar la vista a los ciegos, y la otra para rejuvenecer a los viejos. No debes vender estas aguas por dinero: debes cambiarlas por dos manzanas de oro que tienen tus cuñados, que están en esta misma ciudad. Es a ellos a quien debes entregar las botellas.»

Fidel entró en la ciudad y gritó:

«¡¿Quién desea comprar el agua que devuelve la vista a los ciegos, y la que hace jóvenes a los viejos?!»

Aparecieron sus dos cuñados. «Queremos un poco de ese agua», le dijeron. «¿Cuánto cuesta?». «No está en venta», les respondió Fidel. «Solamente las cambiaré por manzanas de oro.» Los cuñados aceptaron gustosos el trato, pero deseaban probar primero las aguas, así que llamaron a un viejo perro ciego, y le dieron de beber: el animal rejuveneció inmediatamente. ¡Imagínense la alegría de los cuñados! Salieron con urgencia hacia el palacio del rey, y aquel agua le devolvió la vista y le hizo joven. El rey organizó una fiesta e invitó a todos sus amigos de la vecindad. Mientras tanto, Fidel regresó a su hogar y no le contó nada a su esposa. Cuando se enteró de que el rey iba a dar una gran fiesta, mandó a su mujer a preguntarle si no les iba a invitar a ellos, que ellos ayudarían. Uno cortaría madera y la otra serviría las mesas. La joven no deseaba ir. «Prefiero mil veces quedarme aquí», dijo, pero su marido la obligó: «Debemos estar allí en tal día.» Así que, contra su voluntad, la pobre mujer marchó a ver a su padre.

«¿No necesitas ayuda para el día de la fiesta?», le preguntó.

«¡No! Tenemos criados más que de sobra.»

«¿Por qué no les dejas venir?», le preguntó un viejo general sentado junto al rey.

«Que vengan tal día», accedió por fin éste.

El día indicado, Fidel y su esposa acudieron a la corte.

---

(42) Véase «Old Deccan Days», pág 139, y «La mitología aria», de Cox, Vol. I, pág. 160 y siguientes.

Estaban desayunando cuando el viejo general se dirigió a Fidel:

«¿No tienes nada que contarnos?»

«Sí», respondió nuestro amigo. «Conozco varias historias, pero a más de uno no le agradaría escucharlas aquí.» Entonces el rey puso su espada sobre la mesa y dijo:

«La punta de mi espada conocerá el corazón del que le interrumpa.»

Comenzó Fidel a relatar cómo había ido a la guerra con un caballo ciego y cojo, y cómo a pesar de ello había vuelto con las llaves y los documentos de la ciudad enemiga. «Aún no he visto todo eso», le interrumpió el rey. Fidel sacó entonces los documentos y la llave de la Tesorería, y se los entregó. Continuó después relatando cómo había vendido el agua a cambio de dos manzanas de oro. En aquel momento, su esposa se levantó y le dijo:

«¿Dónde tienes guardadas esas dos manzanas, dime?»

Y como había sido la primera en interrumpirle, Fidel cogió la espada del rey y la mató (43). «No os turbéis, majestad», le dijo al rey. «Igual que le he quitado la vida, se la devolveré», y sacó entonces el agua que revivía a los muertos, y le echó un poco en la sien, y la mujer recobró la vida súbitamente. Todos se quedaron petrificados ante semejante hazaña. «Te has ganado la corona de este reino», le dijo el rey, «pero antes debes curarte esa terrible costra (44)». En aquel momento, su esposa se levantó y le quitó a Fidel el pañuelo que llevaba en la cabeza, mostrando a todos su cabello reluciente.

«Ved, ¡esta es la costra de mi marido!»

«La corona brillará mucho más en su cabeza», dijo el rey, y se la puso a Fidel.

Fidel desterró a sus dos cuñados y a sus esposas al lugar desierto en que había vivido él hasta ese momento. A partir

(43) Véase más adelante «El párroco embaucado».

(44) La palabra *Ezkabi* significa «la costra». Bien, Fidel la tenía realmente, como ocurre en el siguiente relato, o pensaban que la tenía por el pañuelo que le cubría la cabeza, como en este. En los dos casos el cabello es hermosísimo, dorado, y provoca el enamoramiento inmediato de quien lo ve.

de entonces disfrutó con su esposa de muchas más riquezas que el rey, porque su preciosa cabeza le otorgaba cualquier poder. Y como vivieron bien, murieron bien también.

LAURENTINE

Tenemos otra versión de este relato casi idéntica a excepción del comienzo. En ella, Ezkabi tiene realmente «la costra». En su viaje, tras dejar su casa, paga las deudas de un pobre cuyo cadáver está siendo apaleado a la puerta de una iglesia, y lo entierra. No aparece por ningún lado la yegua blanca, y una anciana es el genio bueno del relato. Ezkabi entra a trabajar como jardinero, y la hija del rey se enamora de él al ver su pelo dorado desde la ventana. Los demás incidentes son idénticos, aunque se trata de una variante más corta.

LA MUJER PALOMA Y SU PEINE

Erase una madre y su hijo como tantos otros en el mundo. Eran muy pobres, y el hijo deseaba marcharse del hogar. Partió, pues, y viajó muy, muy lejos. En un bosque halló un castillo, entró a preguntar si necesitaban un sirviente, y fue llevado a presencia de un Tártaro.

«¿Dónde vas con esa pinta, hormiga de la tierra?», le preguntó el monstruo. El chico respondióle que, siendo su casa muy pobre, quería trabajar para mejorar su situación.

«Como has dicho la verdad, te perdono la vida, hormiga insignificante», le dijo el Tártaro. «Dentro de unos días te irás de aquí. Pero antes vendrán tres jóvenes damas a bañarse en las aguas de mi jardín, y dejarán sus vestidos de paloma bajo una gran piedra. Tu cogerás la piel de paloma que quede en el medio (45). Dos de las jóvenes saldrán del

---

(45) Véase el capítulo titulado «Swan-Maidens», de la obra «*Curious Myths of the Middle Ages*» (Mitos curiosos de la Edad Media), de Baring Gould, págs 561 y siguientes.

agua y recuperarán sus pieles, y la que permanezca en el agua te pedirá su piel, pero tú no se la darás sin que antes te prometa ayudarte siempre que lo necesites.»

Al día siguiente, nuestro amigo ve a las tres jóvenes en el agua, y hace tal y como le había ordenado el Tártaro: coge la piel que está en medio; poco después dos de las jóvenes recuperan las restantes y la tercera le pide que le devuelva la suya. El le exige una promesa, pero la joven no quiere dar su palabra. «Pues si es así no te daré tu vestido», le responde nuestro amigo. «Puede confiar en mí», replica entonces la joven. «Te doy mi palabra, y además vete mañana a casa de mi padre, que te admitirá como sirviente.» Al día siguiente, el mozo se marcha en la dirección que le ha dado la dama y encuentra una hermosa casa en medio del bosque.

«¿Necesitan un sirviente?», les preguntó.

«Sí, porque aquí hay siempre mucho trabajo por hacer.»

Y así fue, porque a la mañana siguiente, el padre de la joven se llevó a nuestro amigo al bosque y le dijo:

«Debes arrancar todos estos robles, con raíces y todo, y después cortarlos, distribuyendo los troncos en un lado, las ramas en otro y las raíces en otro. Después ararás la tierra, la gradarás y sembrarás con trigo. Por último lo recogerás y por la noche me traerás un pastelito hecho con ese trigo. Si no haces todo esto, te haré matar (46)»

«Lo intentaré», respondió el muchacho, y se dirigió hacia el terreno en que tenía que trabajar, y se sentó pensativo. Eran ya las once de la noche cuando se le apareció la joven dama.

«¿Por qué estás así, tan triste?», le preguntó. «¿Es que no te he prometido que te ayudaría? Cierra los ojos, y ¡ay de ti como los abras!»

Dicho esto, la dama arrojó un peine al aire (47) y dijo:

---

(46) En el cuento original gaélico, los trabajos son más semejantes a los de Hércules: limpiar el establo, matar pájaros y robar el nido de una urraca. Los incidentes de la versión vasca parecen encajar mejor en un «mito climatológico». (Ver *Posible explicación,* al final de este mismo cuento).

(47) En los «Old Deccan Days» («El triunfo de la verdad»), es el pelo y no el peine el que realiza las maravillas. En los «*Récits*» de M. Cerquand el peine es un atributo de la Basa-Andre.

«Peine, con tu poder arranca estos robles con sus raíces, córtalos, junta los troncos por un lado, las ramas por otro y también las raíces.»

Dicho y hecho. La joven arrojó otro peine y exclamó:

«Peine, con tu poder ara esta tierra, grádala y siembra el trigo.»

Y así se hizo. Por último, la joven arrojó al aire un tercer peine:

«Peine, con tu poder haz un pastel con este trigo cuando lo hayas segado.»

Nuestro amigo se moría de curiosidad por ver lo que pasaba, pero la joven le advirtió:

«¡Ay de ti y de mí si abres los ojos (48).»

El muchacho obedeció, y se hizo el pastel. Estaban a punto de dar las doce. «¡Corre! Apenas te queda tiempo», le dijo la joven a nuestro amigo, que consiguió llevarle al rey el pastel a tiempo. «Este es un chico listo», pensó, y se asomó a la ventana para asegurarse de que la tarea había sido cumplida. Se quedó de piedra al ver que todo su bosque había sido talado y cultivado, despidió al muchacho y fue a ver a su esposa. «Ten cuidado, no vaya a ser que esté compinchado con tu hija», le aconsejó ella (49).

«¿Qué quieres decir?», respondió el rey. «Si nunca se han visto siquiera.»

Resulta que este rey era un diablo. «Mi padre te enviará a recoger un anillo de un río lejano», le advirtió la joven a nuestro amigo. «Para ello te dará a elegir una espada de entre un montón. Tu deberás escoger un viejo sable, y dejarás las otras.»

Al día siguiente, la mujer del rey le dijo a éste que debía mandar al joven criado a buscar un anillo que había perdido en el lecho de un río. El rey mandó al sirviente que se preparara, pero antes le ordenó escoger una espada. «Son

---

(48) En «*Battle of the Birds*» («La batalla de los pájaros», N. T.), de Campbell, el héroe siempre duerme mientras la hija del gigante hace las tareas a él asignadas.

(49) Aquí el narrador comentó: «Ya ves, así pasan las cosas. Las mujeres son siempre las peores.» Pero en el relato de Campbell, es el mismo gigante quien dice: «Los trucos de mi propia hija me están hartando.»

muchos los malvados a quienes habrás de derrotar», le dijo. «No quiero estas bonitas espadas», respondió nuestro amigo, «me basta con este viejo sable que utilizabais para arrancar la suciedad.»

El muchacho llegó por fin a la orilla del río y se sentó a llorar, pues no sabía qué hacer. Llegó entonces la joven dama:

«¡¿Qué?! ¡Estás llorando! ¿No te dije que siempre te ayudaría?»

Eran las once en punto. «Debes cortarme en pedazos con este sable, y arrojarlos al agua», le ordenó a nuestro amigo.

«Prefiero morir aquí mismo antes que hacerte sufrir.»

«No voy a sufrir nada, así que hazlo ahora mismo, porque el momento apropiado se está acabando ya, ya.»

Nuestro héroe, temblando, empezó a descuartizar a la joven. Cuando hubo acabado arrojó los pedazos al río, pero he aquí que un fragmento del dedo meñique de la dama se quedó prendido en un clavo de su zapato. La joven salió del agua y le dijo:

«No has arrojado todo mi cuerpo al agua. Todavía falta mi dedo meñique (50).»

El muchacho se puso a buscarlo, y lo halló clavado en el zapato. Poco después la joven le entregaba el anillo. «Vete sin perder un instante», le dijo, «pues debes dárselo al rey a mediodía.» Nuestro amigo consiguió llegar a tiempo.

Cuando su joven amiga llegó también a la casa, cerró de un portazo y empezó a gritar: «¡Ay, ay, ay! Me he aplastado el dedo meñique!», y así engañó a sus padres.

El rey, que estaba muy contento, le dijo al sirviente que a la mañana siguiente tendría que domar a un caballo y a tres potrancas (51). «Lo intentaré», respondió nuestro amigo, y el rey le entregó un garrote enorme. Esa noche, la joven fue a ver al muchacho y le advirtió:

«El caballo de que te ha hablado mi padre es él mismo.

---

(50) En la versión de Campbell, la joven pierde el dedo al subir al árbol para robar el nido de urraca.

(51) En «*Auburn Mary*» el héroe debe atrapar a una joven yegua «con ayuda de una vieja brida negra y oxidada» — Campbell, op. cit., Vol. I, pág 55.

Tienes que golpearle con el garrote en la nariz, con toda tu fuerza, así se rendirá y podrás domarlo. La primera potranca será mi hermana mayor. La golpearás en el pecho con toda tu fuerza, y también se rendirá. Yo seré la última. Tú fingirás golpearme, pero le darás al suelo, y también me rendiré y seré domada.»

Al día siguiente, el muchacho hizo lo que la joven le había dicho. Apareció el caballo. Era muy fogoso, pero nuestro héroe le golpeó en la nariz y se rindió. Lo mismo ocurrió con las dos potrancas, y cuando llegó la tercera, simuló golpearla pero sólo lo hizo en el suelo. También se rindió, y todos se marcharon de allí.

Al día siguiente, el amo apareció con los labios hinchados y la cara negra como el carbón. A sus hijas les dolía el pecho, y la pequeña, para disimular, se levantó muy tarde igual que sus hermanas. «Eres un criado valioso», le dijo el rey, «y muy listo, así que voy a darte a una de mis hijas por esposa, pero deberás escoger a una de las tres con los ojos cerrados.»

La joven dama volvió a hablar con nuestro amigo:

«Escogerás a la que te dé su mano dos veces, aunque de todas formas me vas a reconocer, porque notarás que me falta el dedo meñique.»

Llegó la mañana siguiente, y el rey le dijo al criado:

«Bueno, aquí estamos. Elige ahora a la que quieras por esposa, pero mantén los ojos cerrados.»

El muchacho cerró los ojos y la mayor de las tres se le acercó y le tendió la mano.

«Esta mano es muy pesada, demasiado pesada para mí. No tomaré a esta.»

Se acercó entonces la segunda hermana y le tendió la mano, y nuestro héroe advirtió inmediatamente que le faltaba el dedo meñique.

«Esta debe ser mi esposa.» Se casaron en seguida, y al cabo de varios días ella le dijo:

«Tenemos que irnos de aquí cuanto antes, o mi padre nos matará», y esa misma noche, a las diez en punto, emprendieron la huída, pero antes de salir la joven escupió ante la puerta de su dormitorio, diciendo:

«Escupitinajo, con tu poder hablarás en mi lugar (52)» y se fueron muy, muy lejos de allí. A medianoche, el padre fue hacia el dormitorio de los jóvenes y llamó a la puerta; nadie contestaba, así que llamó aún más fuerte, y entonces el escupitinajo habló:

«Ahora mismo no puede entrar nadie aquí.»

«Soy yo, tengo que entrar», respondió el rey.

«Es imposible», dijo nuevamente el escupitinajo.

El padre se sentía cada vez más enfurecido. El escupitinajo consiguió retenerle allí durante una hora, pero al fin el rey tiró la puerta abajo y entró. ¡Imagínense su ira al ver la habitación vacía! Fue corriendo a ver a su esposa:

«Tenías razón», le dijo. «Se conocían bien; estaban compinchados y han escapado juntos, pero no voy a dejarles marchar así sin más. Iré tras ellos, y les encontraré más tarde o más temprano.»

Los dos jóvenes se hallaban ya muy lejos, pero la muchacha todavía tenía miedo, y le dijo a su marido:

«Aún puede alcanzarnos. Yo...yo no puedo girar la cabeza, pero mira tú a ver si ves algo.»

«Sí, algo horrible se está acercando. Nunca he visto un monstruo como este.»

Entonces la joven dama arrojó un peine al aire y dijo (53):

«Peine, con tu poder haz que se formen espinas y vallas ante mi padre, y extiende ante mí un buen camino», y se hizo tal y como había deseado.

«Vuelve a mirar, te lo ruego, a ver si ves algo», dijo la joven un poco más adelante. El marido miró, y nada vio al principio, pero levantó la vista hacia las nubes, y allí distinguió algo horrible, y se lo dijo a su mujer. Ella arrojó inmediatamente otro peine:

«Peine, con tu poder haz que se forme una niebla donde él esté, y que granice y caiga una tormenta terrible», y

---

(52) En Campbell, pág. 55, «Auburn Mary», aparece también el «escupitinajo parlante.»

(53) Véase «*Truth's Triumph*» («El triunfo de la verdad», N.T.), en los «*Old Deccan Days*», y Campbell, op. cit. págs. 33 y 34, y *supra*, «Ezkabi-Fidel».

así ocurrió. Un poco más allá la esposa volvió a pedirle a nuestro amigo:

«Mira tras de ti, a ver si ves algo.»

«Ahora es el fin», respondió. «Lo tenemos aquí mismo, a nuestra espalda. ¡Usa todo tu poder!»

La joven tiró otro peine al aire y exclamó:

«Peine, con tu poder pon un enorme río entre mi padre y yo, y que se ahogue en él para siempre.»

Apenas había acabado de hablar cuando surgió una poderosa corriente de agua, y en ella se ahogó el rey (54). «Ahora no tendremos nada que temer, y viviremos en paz», dijo la dama.

Continuaron su camino un buen trecho, hasta que llegaron a un país al que no podía entrar la joven.

«No puedo seguir adelante», le dijo a su marido. «Esta es la tierra de los cristianos. No puedo entrar ahí. Tienes que ir tú primero y traer a un sacerdote para que me bautice y poder así acompañarte; pero ten mucho cuidado de que nadie te bese, porque si lo hacen, me olvidarás inmediatamente. Pon mucha atención, y tampoco beses tú a nadie.»

El joven le prometió que no lo haría y siguió adelante, hasta que llegó a su propio país. En el momento mismo que entraba, una vieja tía suya le reconoció, se le acercó por detrás y le dio dos besos (55). Todo acabó para él: olvidó a su mujer, como si jamás la hubiese visto, y se quedó allí divirtiéndose y pasándolo bien.

La joven, al ver que su marido no regresaba, pensó que algo le había ocurrido y que no podría ya contar con su ayuda. Entonces cogió un palito y dijo mientras golpeaba con él en el suelo:

«Quiero que aquí, en este mismo lugar, se construya una bonita posada con todo lo necesario, que tenga criados y toda clase de lujos.»

La posada tenía además un hermoso jardín en la parte delantera, y la joven colocó esta inscripción sobre la puerta:

«Aquí se da de comer gratis.»

---

(54) Campbell, págs. 34 y 56.

(55) En el relato de Campbell es un galgo quien le besa, con idénticos resultados; págs. 34 y 56.

Un día nuestro héroe salió a cazar con dos amigos, y cuando estaban en medio del bosque comentaron:

«Nunca habíamos oído hablar de esa posada. Tenemos que ir a conocerla, pues dan de comer gratis», y los tres hombres fueron para allá.

La joven reconoció a su marido nada más llegar, pero él no la recordó. Les recibió muy bien, y estaban tan encantados con ella que uno le propuso pasar la noche juntos (56). Ella aceptó, y el otro amigo le dijo: «A mí también me gustaría.»

«Entonces ven mañana, si quieres», le respondió la joven.

«Y yo pasado mañana», le dijo entonces su marido.

«De acuerdo», aceptó ella. De modo que uno se quedó y los otros se marcharon. Este pasó una tarde magnífica, pero a la hora de ir a la cama la joven le dijo:

«Cuando eras pequeño cantabas en un coro, y solían empolvarte el cabello. Ese color no me gusta en la cama, así que antes de venir a mi cuarto cepíllate. Aquí tienes un peine: cuanto te hayas quitado todos los polvos, podrás venir.»

El hombre comenzó a peinarse, pero nunca conseguía quitarse el polvo del todo. Estaba todavía en ello cuando la joven se levantó de la cama.

«¡Pero bueno! ¡Te levantas antes de que vaya!», le dijo.

«¿Es que no ves que ya es de día? No te puedo esperar más. Pronto empezará a venir gente.»

El cazador regresó a su casa sin una palabra más, y se encontró al amigo que iba a pasar esa noche con la dama.

«¿Estás satisfecho? ¿Te lo has pasado bien?», le preguntó el otro.

«Sí, de maravilla. Si el tiempo vuela para tí tan rápido como para mí, te lo pasarás en grande», respondió el primero, y se fue a casa. Cuando el amigo llegó a la posada, la joven le preparó una magnífica cena y después le dijo:

«Antes de ir a la cama tienes que lavarte los pies. El agua la tienes en esta caldera. Cuando los tengas bien limpios, ven a la cama.»

---

(56) En una de las «Versiones» de Campbell, págs. 51 y 52, el final del relato es algo semejante. En otras versiones el héroe se casa con otra mujer durante su amnesia.

El hombre se lavó un pie y empezó con el otro, pero al terminar, el pie que se había lavado primero estaba todavía negro y sucio. Se lo volvió a lavar, pero al acabar vio que era el otro el que estaba muy sucio. Así pasó un buen rato, hasta que la joven dama se levantó de la cama.

«¿Qué? ¿Te levantas ya?»

«¿Por qué no has venido antes? No puedo seguir en la cama. Es de día y empezarán a llegar clientes.»

El hombre se largó igual que había hecho su amigo, y le llegó el turno al marido de la dama. Ella le recibió aún mejor que a los otros: no faltaba nada en la cena. Llegó la hora de dormir, y se fueron al dormitorio de la joven. Iban ya a meterse en la cama cuando ella le pidió: «Apaga la luz.» Nuestro amigo la apagó, ella solita se volvió a encender al instante. De nuevo la apagó, pero se volvió a encender, y así una y otra vez. Total que el muchacho se pasó toda la noche con el pijama puesto intentando apagar la luz, hasta que llegó el amanecer y su esposa le dijo:

«¿Entonces no te acuerdas de mí? ¿No recuerdas cómo dejaste a tu mujer para ir a buscar un sacerdote?». Fue como si aquella frase le hubiese golpeado en la cabeza:

«Sólo ahora lo recuerdo todo, sólo ahora. Hasta ahora era como si nunca hubiese estado casado. ¡Cuanto lo siento! Pero no ha sido mi culpa. Fue una tía mía que me besó dos veces sin yo esperarlo.»

«Ya no importa», dijo la joven. «Ahora estás aquí. Ya has tenido bastante penitencia, y también tus amigos. Uno se pasó toda la noche sacándose polvos de la cabeza, y el otro lavándose los pies. Ninguno ha dormido conmigo más de lo que tú lo has hecho. Ahora debes ir a tu país y traer un cura. El me bautizará y los dos podremos entrar en tu tierra.»

El muchacho se fue y regresó con el sacerdote, que bautizó a la joven y los dos juntos se marcharon. Nada más llegar al país del marido, la joven tocó la tierra con su varita y dijo:

«Que se levante aquí un hermoso palacio con todo lo necesario para vivir y un precioso jardín a la entrada.»

Dicho y hecho. Allí vivieron ricos y felices con la madre del muchacho y como vivieron bien, murieron bien también.

LAURENTINE KOPENA

POSIBLE EXPLICACION DE ESTE RELATO

Esta leyenda nos parece uno de los mejores ejemplos de lo que podrían llamarse «mitos atmosféricos» o «climatológicos».

La historia comienza con un hombre que vive en la miseria, pues no cuenta con la ayuda del cultivo y la agricultura. Pensamos que el viejo rey es una personificación del invierno. Su hija es la primavera, cálida y fértil: lo que los franceses llaman «la belle saison.» *El peine con que realiza sus prodigios es el poder surgido de su cabello dorado, los brillantes rayos del sol. El joven, que sin su ayuda no puede hacer nada, es el hombre en relación con la tierra helada, que necesita del sol para hacerla fértil. Es el viejo dios —Sol, el Cíclope— que le dice dónde encontrar y cómo cortejar a su novia. Pero la tierra y la primavera están atrapadas en los dominios del invierno. Allí debe ir el héroe, y aprender lo que es preciso hacer para casarse con la joven. La tala del bosque, la siembra y el pastel le enseñan que sólo puede tener éxito con su ayuda, y sin embargo él no puede ver cómo la muchacha realiza sus prodigios: el hombre no puede ver cómo crece el grano, etc. El calor del verano y el poder de fertilización, representados por el anillo, están todavía enterrados en las aguas heladas. La dama de los caballos nos recuerda la necesaria ayuda que ofrecen los animales domésticos a la agricultura: son cuestiones que deben saberse para que la primavera pueda liberarse del dominio del invierno y casarse con su amado. El invierno todavía la sujeta con firmeza, pero incluso en su propia casa, la influencia de la joven trabaja en secreto contra él. El invierno no sospecha que ella está aliada con su amante, y a la larga consiguen unirse y escapar: ha comenzado la gran batalla entre el invierno y la primavera. Ella es capaz de ocultar su huída durante algún tiempo, pero él finalmente lo descubre, sale en su persecución y casi la alcanza, y entonces la primavera, con ayuda de su peine, dispersa sus cálidos rayos y obra maravillas. El invierno es detenido por caminos insalvables, mientras que el sendero de la primavera es fácil y agradable. Las tormentas, granizo y lluvia del comienzo de la primavera le ayudan, sin embargo es la poderosa inundación de los ríos la que le vence definitivamente.*

Pero la unión del hombre y la primavera todavía no es completa: ella no puede entrar en la tierra de los cristianos. Los poderes naturales de la tierra y el cielo necesitan de la agricultura y la civilización para su expansión plena, y el hombre, asustado por el trabajo agotador, regresa a la vida de cazador nómada. Olvida a su novia ante los placeres de la caza, y así pasa el invierno hasta que la llegada de la primavera vuelve a llamar su atención hacia la novia que espera. Ella tiene comida en abundancia; él está hambriento. Llegan otros pretendientes; ella les engaña hasta que aparece su verdadero esposo y se rinde a ella una vez más. Entonces se completa el matrimonio de la tierra y la agricultura, y del hombre unido al calor y luz del verano.

Ni todas las partes de este relato son igualmente claras ni afirmamos positivamente que la nuestra sea la interpretación correcta. Pero no cabe duda de que nos hallamos en presencia de una alegoría de la naturaleza, y tomando en consideración que es relatada por personas que no tienen la menor sospecha sobre su significado, no es rara la existencia de partes confusas: lo realmente sorprendente es que los detalles se conserven aún tan claros y poco deformados. Si nuestra interpretación es correcta, o si al menos son posibles este tipo de interpretaciones en este caso, debemos considerar si no deberían ampliarse a todo relato en el que aparezcan algunos de estos incidentes, aunque estén ahora mezclados y confundidos con circunstancias con las que no tenían conexión alguna originalmente.

LAUR-CANTONS (57)

Erase una vez un hombre muy rico. Quería casarse, pero las jóvenes de aquel país no le aceptaban por su malísima reputación. Un día mandó llamar a un viñador que tenía tres hijas, y le dijo:

---

(57) Véase Campbell, op. cit., «*The Chest*» («El cofre»), Vol. II, pág. I. Los relatos parecen casi idénticos.

«Quiero casarme con una de tus hijas, y si no lo consigo, será peor para ti: pues te haré matar.»

El viñador regresó a casa muy triste, y les contó a sus dos hijas mayores lo que le había dicho el señor Laur-Cantons. «Es inútil que nos lo pidas», le dijeron las muchachas. «No nos casaremos con él.» El pobre hombre se quedó en casa hasta que llegó su hija pequeña. También a ella le contó lo ocurrido.

«No estés triste», le dijo la joven. «Me casaré con él y no te pasará nada.»

Así que el señor Laur-Cantons se casó con ella, y como era muy rico le regalaba muchos vestidos. El hombre tenía kilos y kilos de oro, y la muchacha era muy feliz con él. Pasado un tiempo, el rey ordenó al señor Laur-Cantons incorporarse al ejército. «Diviértete mucho», le dijo el señor Laur-Cantons a su esposa, dándole un montón de dinero. «No», respondió ella. «Me quedaré en casa y no veré a nadie hasta que vuelvas.»

Mientras estaba en la corte sirviendo al rey, el señor Laur-Cantons conoció a un mercader que, para humillarle, le aseguró que conseguiría entrar en la casa de su esposa, y apostó todo cuanto tenía en su tienda. Laur-Cantons apostó 100.000 francos a que no podría.

El mercader se fue a la casa del señor Laur-Cantons y llamó a la puerta, diciendo que traía una carta de su esposo, pero la puerta no se abrió. «Eche la carta por esta ranura», le contestaron. El hombre se pasó toda la noche junto a la puerta en vano, hasta que se fue al bosque hecho una furia, dando patadas a cuanto veía, pues había perdido todas sus posesiones. Pasó entonces una anciana por allí, y le dijo:

«¿Qué es lo que te ocurre que estás tan preocupado?»

«Lárgate de aquí o te doy dos sopapos en las orejas», le respondió. Pero la anciana era una bruja, y el hombre se arrepintió enseguida de no haberla escuchado, de modo que salió a buscarla.

«Te he tratado muy mal, pero ahora quiero contarte mis problemas. He perdido cuanto tengo en una apuesta con el señor Laur-Cantons. Le aseguré que podría entrar en casa de su esposa, pero me he pasado la noche allí y no lo he conseguido.»

«Si sólo es eso, no es nada», le dijo la bruja. «Yo lo arreglaré.» Dicho esto, cogió una cesta de manzanas y se fue a la casa de la joven esposa. «Soy el ama de la señora», dijo al llamar a la puerta, y le abrieron. La muchacha le empezó a enseñar su vestido de boda, el del día siguiente, una cadena de oro y otras maravillas. La anciana cogió la cadena, que tenía el nombre de la joven grabado, y se la guardó. La muchacha no se dio cuenta de nada, ni la echó de menos al recogerlo todo, porque, creyéndola su ama, tenía plena confianza en la anciana.

La bruja se fue corriendo a buscar al mercader para entregarle la cadena de oro, y éste en recompensa le dio un juego completo de vestidos nuevos. El mercader se fue entonces a ver al señor Laur-Cantons, y le mostró desde lejos la cadena de oro. ¡Imagínense la ira del señor Laur-Cantons! Regresó a su casa a toda prisa. «¡Soy el amo!», dijo al llamar. Entró y le ordenó a su esposa, con voz áspera, que subiese a su cuarto y se pusiese el traje de novia con todos los ornamentos de oro. La muchacha bajó sin ellos.

«¿Dónde están tus joyas de oro?», le preguntó su marido.

«No he podido encontrarlas, y me he puesto estas otras.»

Entonces el señor Laur-Cantons cogió un caballo, montó a su esposa con él a lomos del animal y se alejó de la casa. La joven, que ya sospechaba algo, había cogido un buen puñado de dinero. Cabalgaron un corto trecho, y a su término el señor Laur-Cantons, desmontó, metió a su mujer en un cofre y la tiró al mar.

En las costas siempre hay gente paseando y mirando al mar, así que en cuanto el cofre cayó al agua, lo vieron y lo sacaron a la orilla como mejor supieron. Empezaron a darle golpes para abrirlo, hasta que se escuchó la voz de la joven desde el interior.

«Con cuidado, con cuidado, hay una persona viva aquí dentro.»

Consiguieron abrirlo, y la muchacha les recompensó generosamente. Después se dirigió a una posada, se vistió como un caballero y preguntó si había en la ciudad algún enfermo grave.

«La hija del rey lleva siete años muy enferma», le dijeron. La muchacha se fue a buscar flores y hierbas al campo, y se hizo amiga de los médicos del rey. Un día les acompañó hasta el palacio, y cuando salían de la visita le dijo a uno de ellos:

«Yo podría curar a esa joven.»

El rey escuchó el comentario, y le ordenó a aquel «caballero» que fuera a verla cuanto antes. En la primera visita, le dio a la enferma un brebaje. Esta, nada más beberlo, empezó a mover la cabeza. En la segunda visita volvió a darle el brebaje, y la enferma se incorporó en la cama. A la tercera vez, saltó de la cama al suelo. ¡Imagínense la alegría en el palacio del rey!, que no sabía como recompensar a aquel médico. «No quiero nada», le dijo la muchacha. «Solamente deseo que me nombre gobernador de esta ciudad.»

Ya siendo gobernador, se enteró de los nombres de todos los cortesanos. Eran nombres importantes, y entre ellos se encontraba un tal señor Laur-Cantons. Una vez instalada en su palacio, la joven mandó a dos policías a que le trajesen al señor Laur-Cantons ante su presencia.

«¿Qué has hecho con tu mujer?», le preguntó.

«No sé nada de ella.»

«Si no me dices la verdad, esa será tu recompensa», le amenazó la joven, señalando hacia el cadalso con el brazo. El señor Laur-Cantons le confesó entonces cómo le había tentado aquel mercader, cómo había hecho una apuesta y cómo aquel tipo había regresado con la cadena de oro de su esposa, tras lo cual, él, ciego de ira, la había encerrado en un cofre y arrojado al mar. Su esposa hizo entonces llamar al mercader. Este contó cómo había conseguido que una bruja le trajese la cadena, pues él mismo no había podido entrar en la casa e iba a perderlo todo. Sin embargo, el mercader no dijo la verdad en un principio: fue necesario amenazarle para que la confesase. La muchacha envió después a ocho policías a que le trajesen a la bruja. «¿Cómo conseguiste la cadena de oro?», le preguntó, y la anciana relató cómo había ocurrido todo. La joven hizo poner a la bruja encima de siete barriles de pólvora y los prendió fuego. La bruja saltó por los aires y nadie ha vuelto desde entonces a verla. El mercader fue ejecutado en la horca, y el señor Laur-Cantons cayó de rodillas ante el gobernador, rogándole le perdonase sus malvados actos. Ella no sólo le perdonó, sino que le nombró gobernador; luego hizo traer a su padre a la ciudad y allí vivieron todos felices.

Si esto no es cierto, que me ocurra a mí otro tanto.

LOUISE AMYOT
De más de 70 años de edad

EL JOVEN ESCOLAR

Erase una vez una dama y un caballero que tenían un hijo. El caballero era capitán de un barco, y la mujer llevaba a su hijo al colegio todos los días. Cada vez que el marido regresaba de un viaje le preguntaba al niño si había aprendido mucho en la escuela. «¡No, no! No mucho», solía responder la madre.

En una ocasión en que el capitán volvió de un largo viaje, le preguntó a su hijo:

«Hijo mío, ¿qué has aprendido en la escuela?»

«Nada», respondió.

«¿No has aprendido nada?» El capitán fue entonces a ver al maestro. «¿Cómo es que mi hijo no aprende nada?», le preguntó.

«No soy capaz de meterle nada a ese niño en la cabeza», le respondió el maestro.

«¿Qué has aprendido hoy en la escuela?», le preguntó en otra ocasión el padre al niño.

«Sólo esto: entender el canto de los pájaros.»

«¡Hijo mío, hijo mío! ¡El canto de los pájaros! ¡El canto de los pájaros! Ven al barco conmigo.» Y se lo llevó a viajar con él. Estando en el mar apareció un pájaro que se posó en la proa de la nave, cantando «Wirittitti, Kirikiriki.»

«Hijo, mío, hijo mío, ven aquí. Como en lugar de empezar aprendiendo el oficio de capitán, has aprendido el canto de los pájaros, dime: ¿Entiendes lo que dice este pájaro?»

«Sí, padre. Dice que yo estoy bajo tus órdenes, pero que tú también estarás bajo las mías.»

¿Qué hizo entonces el capitán? Cogió un barril, le quitó la tapa y metió dentro a su hijo, lo cerró y lo arrojó al mar, y una tormenta lo llevó hasta la orilla. Justo en aquel momento un rey paseaba por la playa, vio el barril y ordenó a sus hombres que se lo trajeran. Comenzaron a golpearlo para abrirlo, y el chico gritó desde dentro:

«¡Despacio, despacio, hay una persona aquí!»

Consiguieron abrirlo y el rey se llevó al chaval a su casa. Allí se casó con la hija del rey.

Un día el barco de su padre quedó atrapado en un terrible temporal, y el capitán fue arrojado por la tempestad a la orilla. Se presentó ante el rey, y vio al príncipe. Este le reconoció inmediatamente, pero no así su padre, que fue nombrado criado suyo. Un día le dijo:

«¿No sabes quién soy?»

«No, señor.»

«Soy tu hijo. Hace tiempo me arrojaste al mar en un barril, y ahora el canto del pájaro se ha hecho realidad.»

Y desde entonces el padre y el hijo vivieron juntos muy felices.

ESTEFANELLA HIRIGARAY

EL NIÑO QUE OIA VOCES

Erase una vez un caballero y su esposa que tenían varios hijos. A uno le querían menos que a los otros, porque decía que a menudo escuchaba una voz que le insistía en que un padre y una madre habían de servir un día a alguno de sus hijos. Cada vez que oía aquello, la madre del muchacho se ponía hecha una furia, pues pensaba que la voz se refería a ellos; así que decidió ordenar a sus criados que saliesen con su hijo al campo, le matasen y trajesen su corazón a casa. Por ello, una mañana, le dijo a su hijo:

«Vete a dar un paseo con estos dos hasta tal sitio, y quédate allí hasta las doce en punto.»

El muchacho salió tranquilamente, pero apenas habían recorrido un corto trecho cuando los criados empezaron a discutir a gritos. Uno quería matar al chico, y el otro no; pelearon, y venció el último. Acordaron entonces matar a un perro que les acompañaba y llevarle su corazón a la señora, que mientras tanto había ya comenzado a lamentar su decisión.

Nuestro amigo se marchó, vagó de un lado para otro y un buen día decidió irse a Roma. Se cruzó con dos tipos que también iban para allá y decidieron viajar juntos. Sus dos compañeros de viaje le querían mucho, pues enseguida comprendieron que aquel chico tenía algo especial. Cayó la noche y se encaminaron a una casa oculta en un espeso bosque, donde pidieron cobijo para pasar la noche. Les acogieron y les dieron una cena espléndida, pero entonces nuestro joven amigo escuchó aquella extraña voz que esta vez le decía:

«Estáis en un lugar muy desgraciado. Más os valdría no haber venido aquí.»

«¿Qué es eso? ¿Qué es eso?», preguntaron los otros, asustados.

«Nada, nada», les tranquilizó el muchacho. «Deberíamos haber ido a cualquier otro sitio.»

Acabaron de cenar y les condujeron a sus camas, pero nuestro amigo no se durmió, y en mitad de la noche escuchó un ruido: unos ladrones regresaban a la casa cargados de plata. La mujer les decía:

«No hagáis ruido. Tenemos a tres desconocidos pasando la noche aquí, y parece que uno de ellos es muy rico.»

Al oírlo, nuestro amigo se levantó, despertó a sus camaradas y los tres saltaron por la ventana y escaparon. Caminaron durante todo el día, y al anochecer siguiente llegaron frente a una hermosa casa, donde también pidieron que les hospedasen durante la noche.

«Desde luego, con mucho gusto», les respondieron, «pero no descansaréis demasiado, pues tenemos una hija que lleva siete años gritando de dolor día y noche.»

«¿No podrías tú curarla?», le preguntaron sus compañeros a nuestro amigo.

«Lo intentaré», contestó. Y lo hizo.

(El narrador, sin embargo, había olvidado cómo *se llevó a cabo la curación (N. del A.)*

Al ver a su hija totalmente recuperada, el dueño de la casa le dijo al chico:

«Señor, eres tú ahora el dueño de esta casa. Ordena lo que desees, y así se hará.»

Nuestro amigo le dio las gracias y le contó que se dirigía a Roma, pero no sabía qué haría después. La joven a quien había curado tenía un anillo; su padre lo partió en dos mitades y le entregó una al chico.

Partieron al fin, y llegaron a las afueras de Roma, y en ese momento todas las campanas de la ciudad empezaron a tañir por sí solas. Todo el mundo salió a la calle:

«¡¿Qué es esto?! ¡¿Dónde está él?! ¡Es el Santo Padre quien viene!»

Así que se congregaron alrededor de nuestro joven caballero y le nombraron Santo Padre.

Mientras tanto, la madre de nuestro amigo se fue sintiendo cada vez más y más triste. Había languidecido tanto que estaba irreconocible. Nunca le había confesado a su marido lo que había hecho con su hijo, hasta que no aguantó más, se lo contó todo y le pidió que fuesen a Roma, que allí le concederían el perdón por su horrible crimen. Marcharon, pues, a Roma, llevándose consigo a los dos criados. La madre albergaba tanto dolor en su corazón que quería hacer su confesión públicamente y en voz alta, en medio de la iglesia de Roma (58). El azar quiso que en aquel momento su hijo estuviese allí, y al oír la voz de su madre fue hacia ella con los brazos abiertos:

«Te perdono», le dijo. «Yo soy tu hijo.»

El padre y la madre murieron de alegría y felicidad en aquel mismo instante. Nuestro amigo se llevó a los dos

(58) Este es un curioso testimonio de un práctica muy antigua. Los vascos denominan a «La Fête Dieu», el «Día del Corpus Christi», con el nombre «Phestaberria», «La Fiesta Nueva», aunque fue instituída en el siglo XIII.

criados con él. Al que no había querido matarle le entregó el trozo de anillo de la joven a quien había curado: el sirviente se casó con ella, vivieron felices y fueron muy ricos. Al que había querido matarle le mandó irse a la montaña y hacerse carbonero, y todavía está allí, sacando carbón, y este carbón que véis aquí lo trajeron de su casa.

LA MADRE Y SU HIJO (IDIOTA); O, EL LADRON ASTUTO (59)

Erase una vez una madre y su hijo, como tantos otros en el mundo. Eran muy pobres, y cuando el chico se hizo un poco mayor, dijo que quería abandonar su casa para buscar fortuna. De mala gana, su madre le autorizó a partir.

El joven viajó, y cruzó bosques terribles hasta que llegó a una bonita casa donde preguntó si deseaban un sirviente. «Sí, entra» le dijeron, y le contaron cómo ellos salían a robar por las noches. «¿Vendrás con nosotros?», le preguntaron. «Sí», respondió él.

En medio de la noche llegó el jefe de los ladrones con todos sus hombres, cargados de oro y plata. Nuestro amigo se quedó con ellos durante mucho tiempo, hasta que un día, el jefe de la banda le dijo: «A tal hora pasará por cierto lugar un hombre a caballo, muy rico. Tienes que ir a atracarle, y si se resiste, mátale.»

El muchacho ya estaba harto de todo aquello, pero le prometió al jefe de los ladrones que lo haría. Se marchó al lugar que le habían indicado y se dispuso a esperar al jinete. Al fin le vio acercándose, y se plantó ante él.

«¡La bolsa o la vida!»

El caballero le entregó la bolsa y todo el dinero que tenía, que era mucho.

«No es suficiente. Entrégame también tus finas ropas, y el caballo.»

---

(59) Esta es una historia muy vieja y conocida. Las versiones gaélicas están en Campbell, op. cit., Vol II, pág. 239 y siguientes. Véase también «Aryan Mythology» («Mitología aria»), de Cox, Vol. I, pág. III y siguientes.

Se cambiaron los trajes, y el caballero se marchó muy contento de haber podido, al menos, salvar el pellejo.

Pero en lugar de regresar a la casa de los ladrones, ¿qué hizo entonces nuestro amigo?: pues montó a lomos del caballo y regresó a casa de su madre. ¡Imagínense la alegría de la mujer al ver llegar a su hijo! Todos se quedaron boquiabiertos al comprobar lo rápidamente que había conseguido hacer fortuna. El muchacho le contó a su madre cómo se había hecho tan rico, explicándole que todo ello había ocurrido muy, muy lejos de allí. Su madre se lo contó a todos, y al final llegó a oídos del alcalde.

«Vete a buscar a ese joven», le ordenó a uno de sus criados, «y dile que se presente aquí en casa mañana sin falta.»

Al día siguiente el joven ladrón se dispuso a ir a casa del alcalde, dejando a su madre llorando de pena y temor. «Cuéntale al alcalde cómo has hecho tu fortuna tan rápido», le aconsejó ella, y así lo hizo, aunque añadió que todo había sucedido muy, muy lejos de allí, y que nunca había matado a nadie. El alcalde le respondió:

«Si no robas el mejor caballo de mi establo esta misma noche (60), te haré matar mañana mismo.»

(El alcalde era muy rico, y poseía muchos criados y caballos. De estos últimos destacaban especialmente tres: los más hermosos y valientes que imaginar se pueda.) Nuestro amigo regresó a casa, tranquilizó a su madre y luego le dijo: «Dame la ropa que usaba antes de marcharme», y se la puso encima de la suya. Cogió un bastón y se encaminó a casa del alcalde. Llamó a la puerta y pidió refugio durante la noche.

«No te daremos cobijo aquí», le respondió un criado; pero él suplicó e insistió, y les pidió que al menos le dejasen un rincón del establo, pues no sabía dónde ir. Le dejaron por fin refugiarse en el establo y le ofrecieron un montoncito de paja como colchón. Mientras tanto, se enteró de cómo protegían a los caballos durante la noche. Tres criados se subían a lomos de los animales y allí permanecían hasta la medianoche, momento en el que otros tres sirvientes los

(60) En la versión del gaélico, tiene que robar el caballo del obispo.

relevaban. ¿Qué hizo nuestro joven ladrón? Esperó a que los tres primeros se quedasen dormidos sobre las monturas, y en cuanto oyó las campanadas de la medianoche se acercó a uno de ellos, le dio unos golpecitos y le dijo:

«Ya es medianoche. Vete a dormir.»

El criado, medio dormido, bajó del caballo y se fue a la cama. Los otros dos todavía dormían. Nuestro amigo se montó en el caballo (había escogido al mejor de los tres), abrió la puerta del establo muy suavemente y se alejó al trote. Llegó a su casa, y su madre sintió como si le hubiese vuelto la vida al ver a su hijo sano y salvo.

Al día siguiente se fue al mercado a vender el caballo. Cuando el alcalde se levantó, se dirigió al establo y vio que faltaba su mejor animal, mientras que los sirvientes dormían. Se puso hecho una furia, y envió a uno de sus hombres a preguntarle a la madre del ladrón dónde estaba su hijo. «Se ha ido a vender un caballo», respondió la mujer. «El alcalde quiere ver a tu hijo inmediatamente», le dijeron.

«¡Vaya sinvergüenza estás hecho!», le dijo el alcalde al verle. «Ayer ganaste, pero si esta noche no consigues robar el pan de nuestro horno, serás hombre muerto.»

El alcalde reunió a todo el consejo municipal y a todos sus amigos, pensando en divertirse un poco mientras vigilaban el horno. Trajeron músicos, organizaron bailes, juegos, brillantes luces de colores y toda clase de diversiones, todo ello frente al horno de pan. ¿Qué hizo entonces nuestro joven ladrón? Cogió un pequeño martillo, y se escondió en la parte posterior del horno. Con el martillo hizo un agujero y sacó todas las hogazas de pan que contenía, las metió en una cesta y se fue a casa.

Al día siguiente el alcalde, muy orgulloso de haber guardado tan bien la puerta del horno, mandó a su criado por una hogaza de pan para el desayuno. Cuando éste abrió la puerta, sólo vio la luz del sol penetrando por el fondo. ¡Imagínense su sorpresa! El alcalde se puso rojo de ira. Mandó a buscar al ladrón. «¿Dónde está tu hijo?», le preguntaron a su madre. «Vendiendo pan», contestó. Fueron a decírselo al alcalde. «Que venga a verme lo antes posible», ordenó. Su pobre madre empezó a intranquilizarse otra vez. Cuando nuestro amigo regresó del mercado, le dio el mensaje del alcalde, y fue a verle.

«Ayer volviste a lograrlo», le dijo, «pero todavía no has terminado. Esta misma noche tienes que robar las sábanas de mi cama, o serás hombre muerto (61).»

Nuestro joven ladrón volvió a casa, fabricó un muñeco parecido a él y lo vistió con sus ropas viejas. Al caer la noche, se fue con el muñeco a la casa del alcalde. Había guardias armados en todas las puertas y ventanas, así que ató el muñeco a un palo muy largo y con ayuda de una cuerda lo colocó en lo alto de una de las paredes. Cuando los guardias vieron lo que parecía un hombre escalando hacia una de las ventanas, empezaron a disparar. «¡Hurra!», gritaron pensando que le habían alcanzado. Al oír los gritos, el alcalde saltó de la cama creyendo también que habían matado al ladrón. ¡Aquello tenía que verlo! Nuestro amigo aprovechó entonces la ocasión para entrar en la casa y acercarse a la cama del alcalde. Una vez allí, empezó a murmurar: «Hace frío, hace frío», a la vez que tiraba de las sábanas. Cuando ya las tenía todas, le dijo a la mujer del alcalde: «Tengo que ir a mirar otra vez para asegurarme de que ya lo han enterrado.»

«Quédate quieto de una vez», respondió la mujer. «Te vas a morir de frío.»

El ladrón escapó todo lo rápido que pudo, llevándose las sábanas. Mientras tanto, los guardias competían por ver quién le hacía más daño al muñeco: uno le golpeaba, otro le daba de puñaladas, otro le zarandeaba de un lugar a otro. Por fin, ya sin aliento, volvieron a la casa muy orgullosos y contentos de haber acabado definitivamente con el ladrón. El alcalde volvió a la cama, y su mujer le dijo:

«Ahora a ver si por fin te quedas quieto, y acabas con tanto ir y venir, que me estás haciendo pasar mucho frío.»

«¡Yo no he estado yendo y viniendo!»

«Sí, sí. Sólo hace un momento que te acabas de marchar.»

El hombre se metió en la cama y empezó a revolverse, porque no podía encontrar las sábanas. Al fin, impaciente,

---

(61) Este incidente aparece también en las versiones nórdica y teutona.

encendió el candil y descubrió que las sábanas habían desaparecido. ¡Imaginen su rabia!

«Es mejor que dejes ya a ese tipo en paz», le aconsejó su mujer. «Acabará por ocurrirnos alguna desgracia.»

El alcalde no quería escuchar a nadie, y se largó de la casa hecho una furia. En cuanto amaneció mandó a buscar al ladrón. «¿Dónde está tu hijo?», le preguntarón a su madre. «Se ha ido a vender unas sábanas.» «¡Dile que vaya a casa del alcalde en cuanto vuelva!» La anciana pensó que esta vez nadie podría salvar a su hijo.

«Esta vez no te escaparás», le dijo el alcalde al verle. «Si no le robas todo el dinero a mi hermano, el párroco, será tu fin (62).»

El hermano del alcalde era el párroco del pueblo. Al caer la tarde, nuestro ladrón se ocultó en la iglesia y se vistió con la mejor túnica que pudo encontrar: una que utilizaban sólamente en las fiestas más importantes. Encendió todas las velas y candelabros, y al llegar la medianoche empezó a hacer sonar las campanas a toda velocidad: Dilín, don, dilín, don. El párroco llegó corriendo con su criado a ver qué demonios estaba pasando allí. Al entrar vieron a alguien que desde el altar mayor les hablaba:

«¡Postráos ante mí! Soy el buen Dios, y he venido a buscaros. Debéis morir, pero antes debéis entregar todo vuestro dinero y riquezas.»

El párroco se fue y regresó con todo cuanto poseía. Nuestro amigo le hizo subir a lo alto de la torre y le dijo:

«Ahora irás al purgatorio, pero después, al cielo», y le mandó meterse todo enterito en un saco. Cogió entonces el saco de un extremo y lo arrastró escaleras abajo, golpeándolo en cada escalón, ¡pim! ¡pam! ¡pim! ¡pam! «¡Ay, ay, ay!», gritaba el cura. «Esto no es nada», le decía el ladrón. «Pronto estarás en el cielo», y así se lo llevó hasta el corral de su hermano el alcalde, y allí le dejó.

A la mañana siguiente, una criada fue a dar de comer a las gallinas y se encontró el saco. Lo tocó, y el saco se movió. La muchacha se marchó corriendo a contarle a su se-

(62) Esta parte del relato, de nuevo, se asemeja más a la versión gaélica.

ñora lo que había visto. También ella fue al corral, tocó el saco a moverse. La mujer se quedó paralizada de terror. Fue corriendo a contárselo a su marido.

«¿Ves cómo yo tenía razón cuando te dije que dejases a ese hombre en paz? ¿Qué va a pasarnos ahora? ¿Qué es lo que habrá en ese saco horrible?»

El alcalde mandó a un criado para que trajese al ladronzuelo. «El alcalde quiere que vayas a verle ahora mismo», le dijo. Para allá se fue nuestro amigo, y al llegar el alcalde le ordenó que abriese el saco, pero al tocarlo con la mano, dio un salto.

«¡No lo abriré ni por diez mil francos!», exclamó nuestro amigo.

«Te doy diez mil francos», le dijo el alcalde.

«¡No! ¡Ni por veinte mil francos!»

«Te doy los veinte mil.»

«¡No, no, no! ¡Ni siquiera por cuarenta mil lo haría!»

«Te doy treinta mil.»

«¡No, no, no! ¡Ni por cuarenta mil!»

«¿Y por cincuenta mil?»

Entonces el muchacho accedió a abrir el saco y le entregó al párroco, a quien como ustedes saben ya había desplumado. Cogió los cincuenta mil francos y se marchó a su casa muy satisfecho, y vivió allí con su madre; y el alcalde vivió con su hermano el párroco más pobres que antes. Y si hubiesen vivido bien, habrían muerto bien también.

JUAN DEKOS (63), EL ZOQUETE (TONTUA)

Había una vez un caballero y una dama como tantos otros en el mundo, que tenían un hijo. Cuando el chico hubo

---

(63) Este nombre es una transcripción fonética del vasco, y hasta que no vi la versión gaélica no me di cuenta de que se trataba simplemente de «Jean d'Ecosse», «John de Escocia», o «Scotch John». En el relato análogo del cuento de la obra de Campbell, «The Barra Widow's son» («El hijo de la viuda Barra»), Vol II, pág. III, leemos: «Era Iain Albanach» (literalmente, Jean d'Ecosse) «el nombre que dieron al chico en un

crecido, su padre descubrió que su inteligencia no había despertado, a pesar de haber terminado ya su educación. ¿Qué hizo entonces? Compró un barco, contrató un capitán y una tripulación, cargó la nave con arena y mandó a su hijo con ella como patrón (64). Salieron a la mar, viajaron muy, muy lejos y llegaron a un país en el que no había arena. Vendieron la que llevaban a muy buen precio, y nuestro Juan Dekos salió a darse un paseo por aquel lugar.

Un día, frente a la puerta de una iglesia, observó que todos los que por allí pasaban escupían en un mismo sitio. Se acercó y preguntó por qué lo hacían.

«Es el cadáver de un hombre el que yace ahí», le contestaron. «Y si nadie paga las deudas que tenía, ahí se quedará hasta que se pudra (65).»

¿Qué hizo entonces Juan Dekos? Con todo el dinero de la venta cubrió las deudas del muerto, y la tripulación y los oficiales se enfurecieron al saberlo, pues había pagado con el dinero de todos ellos. Regresaron nuevamente a la ciudad, y el padre de Juan, que había avistado el barco, fue a recibirles. Los marineros le contaron lo que su hijo había hecho con el dinero recibido por la arena: no le gustó nada, mas a pesar de ello volvió a mandar el barco a la mar, cargado esta vez de hierro. Llegaron a un lugar en que vendieron el hierro a muy buen precio, y un día que Juan Dekos caminaba por la ciudad, vio como los salvajes estaban vendiendo un grupo de cristianos en el mercado. Ocho estaban a la venta, y Juan los compró a todos, gastándose todo el dinero que había sacado por el hierro. A siete los envió de vuelta a sus hogares, y se quedó con una jovencita muy

---

él le dio el nombre de Iain Mac a Maighstir» (el hijo de John el patrón) «pues él mismo era patrón del barco». Esto parece constituir una prueba decisiva de que, de algún modo, los vascos han tomado este relato de los celtas desde su ocupación de las Hébridas. Las versiones españolas, por otro lado, tienen por nombre «La princesa irlandesa» (Patrañas, pág. 234).

(64) Véase la nota precedente y Campbell, op. cit., Vol. II, pág. 3.

(65) No podemos asegurar que este pasaje haga referencia a alguna costumbre real respecto a las deudas de los muertos. Aparece en los relatos gaélicos, en «Ezkabi Fidel» y en otros cuentos y versiones, especialmente en las españolas. Véase el relato mencionado y, más adelante, «El mirlo blanco».

guapa que se llamaba Marie Louise. Otra vez su padre fue a recibirles, y los marineros le contaron lo que su hijo había hecho con el dinero de la venta. Esta vez su padre se enojó tanto que no le dio nada más.

Juan Dekos mandó hacer un busto de Marie Louise y lo puso en la proa del barco; luego convenció a la tripulación para que se embarcasen rumbo al país de la joven. Y así partieron un día para allá. El segundo de a bordo era un cojo, que se sentía muy celoso de Juan Dekos y de Marie Louise. Un día llamó a Juan Dekos a la cubierta, con la excusa de que quería mostrarle un pez muy extraño que nadaba alrededor del barco. Cuando lo tuvo lo bastante cerca, le empujó y lo tiró al mar. Nadie lo vio. A la hora de comer, todos preguntaron por Juan, pero nadie sabía qué había sido de él. El cojo estaba encantado, pensando que por fin Marie Louise sería suya, y empezó a dispensarle a la joven toda clase de atenciones.

Mientras tanto Juan Dekos había sido recogido por un ángel y puesto a salvo en una roca. El ángel le llevaba todos los días lo necesario para vivir.

Poco después, el barco llegó al país de Marie Louise. Como la joven resultó ser la hija del rey, todos reconocieron el mascarón de proa desde muy lejos, y fueron a avisar al monarca, que salió entusiasmado a recibir a su hija, y alojó en su palacio a toda la tripulación de la nave. Marie Louise le contó a su padre cómo Juan Dekos la había comprado y lo bien que la había tratado, y que no sabía qué habría sido de él. También le contó lo amablemente que se había portado el segundo de a bordo, que, por su parte, no pensaba sino en casarse con la joven. El rey se mostraba conforme, pues deseaba mostrar su gratitud al hombre que le había traído a su hija, y además no había conocido a Juan Dekos. Entre todos atormentaron tanto a la pobre Marie Louise que, al fin, la joven prometió que al cabo de un año y un día, si Juan Dekos no había aparecido, se casaría con el cojo.

Pasó el plazo fijado, y ninguna noticia había de Juan Dekos, así que la boda estaba a punto de celebrarse, mientras nuestro amigo permanecía todavía en su roca. Las algas le crecían ya en la ropa, y tenía una barba larguísima. El ángel (66) le dijo:

«Marie Louise va a casarse hoy. ¿Te gustaría estar allí?»

«Sí», respondió Juan.

«A cambio quiero tu palabra de honor de que, pasado un año, me entregarás la mitad del hijo que Marie Louise te dé.»

Juan Dekos empeñó su palabra, y el ángel lo llevó hasta la mismísima puerta de la casa de Marie Louise. Este ángel era el alma del hombre muerto junto a la puerta de aquella iglesia, el mismo al que Juan había salvado tras pagar sus deudas. Juan Dekos llamó a la puerta y pidió limosna, y como el padre de Marie Louise era muy caritativo, le dieron algo. Entoces solicitó que le dejasen entrar para calentarse al fuego. «No», le dijeron, «debes irte ahora mismo.» De todos modos fueron a preguntarle al señor de la casa, y éste les ordenó que le dejasen entrar y le diesen una buena cena.

Marie Louise sin embargo ya se había casado. Juan Dekos tenía un hermoso pañuelo que ella le había regalado, y cuando la joven pasó por su lado, él lo mostró de forma que no pudiese evitar verlo. Marie Louise lo advirtió, miró detenidamente al mendigo y reconoció a Juan Dekos. Fue inmediatamente a ver a su padre:

«Padre, tienes que hacerme un favor.»

«Desde luego, desde luego, si está en mi mano.»

«¿Ves a ese pordiosero? Quiero que cene con nosotros esta noche.»

«Eso es imposible. Está sucio y maloliente.»

«Yo me encargaré de lavarle y de vestirle con algunas ropas tuyas.»

El rey aceptó. Luego le sentaron a la mesa con los demás invitados, y al acabar la cena le tocó su turno de contar una historia.

---

(66) En otras versiones, su salvador es el alma del hombre al que había pagado las deudas, bien en forma de ermitaño o de *zorro*. En la versión gaélica este personaje no aparece claramente definido. Se le llama «uno», o «el que pide». (Campbell, op. cit., Vol. II, págs. 119 y 121). En todos los casos el acuerdo es el mismo que el realizado con el ángel, y con idénticos resultados.

«Sí», dijo Juan Dekos, «pero si queréis oír mi historia debéis cerrar todas las puertas y entregarme las llaves.»

Así se hizo, y Juan Dekos comenzó:

«Había un padre y una madre que tenían un hijo que no era precisamente muy brillante, y decidieron que debían mandarle a la mar. Cargaron un barco con arena para él, y, la vendió muy bien, y con el dinero pagó las deudas de un hombre muerto al que tenían sin enterrar a la puerta de la iglesia.»

Cuando el segundo oficial escuchó aquello, se dio cuenta de que su vida corría peligro, y le suplicó al rey que le entregase la llave de la puerta, diciéndole que tenía que salir. Pero el rey no podía dársela, así que el cojo tuvo que quedarse allí. Juan Dekos continuó:

«Su padre volvió a cargar el barco con hierro, y su hijo lo vendió, y con el dinero compró siete cristianos, y», señaló entonces a la hija del rey, «aquí está la octava.»

El rey ya conocía esta historia, pues su hija se la había contado. ¿Qué hizo entonces? Al ver lo malvado que había sido el segundo oficial, llevaron una carreta a la plaza del mercado cargada de leña, recubrieron de azufre al cojo y lo quemaron allí mismo.

Juan Dekos y Marie Louise se casaron y fueron muy felices. Tuvieron un hijo, y al acabar el año apareció el ángel para llevarse la mitad de él. Juan Dekos se puso muy triste, pero como había dado su palabra, se disponía ya a cortar al recién nacido por la mitad cuando el ángel le sujetó el brazo y le dijo:

«Ya veo que eres obediente. Te dejo entero a tu niño.»

Y como vivieron bien, murieron bien también.

VARIANTES DEL ANTERIOR RELATO: JUAN DE KALAIS (67)

Había una vez una madre y su hijo, como tantos otros

---

(67) Se trata, por supuesto, de «Jean de Calais» —«John de Calais»— y este nombre parece señalar que los vascos aprendieron el relato de alguna versión francesa, no española.

hay y habrá en el mundo. Tenían una pequeña fortuna, y el chico no deseaba otra cosa que hacerse marinero. Su madre le ayudó a conseguirlo y cuando llegó a ser capitán, le regaló un barco con una carga muy valiosa. El chico salió a la mar y llegó a una ciudad. Mientras estaba allí observó cómo dos largas filas de hombres tiraban de algo junto a una pila de estiércol, unos para un lado y los demás para el otro. Se acercó y vio que se trataba de un hombre muerto. «¿Por qué hacéis esto? ¿Por qué no lo enterráis?» les preguntó, y le contestaron que el hombre había dejado deudas pendientes y que por ello no iban a enterrarle ni aunque se pudriese.

«¿Y si alguien pagase sus deudas, lo enterraríais entonces?», les preguntó Juan de Kalais. «Sí», le respondieron. Juan de Kalais hizo saber por toda la ciudad que cualquiera que tuviese alguna deuda pendiente con el muerto debía presentarse ante él. Como Vds. supondrán, aparecieron muchos, incluso tipos a quienes nada debía el finado. Nuestro Juan vendió toda la carga del barco, y como ni aún así era suficiente, vendió el barco también.

Regresó a su casa y le contó a su madre lo que había sucedido. Ella se enfadó mucho, y le dijo que nunca se haría rico si seguía comportándose de aquel modo, pero como el muchacho se moría de ganas de salir otra vez a la mar, su madre le compró un barquito muy maltrecho, lo cargó con estopa, brea y resina y mandó al muchacho con él. Durante el viaje se encontró con un célebre guerrero, que le aconsejó le comprase una bella joven que tenía prisionera. Juan de Kalais le dijo que no tenía dinero, y el otro capitán (que era inglés) le dijo que al menos le entregase la carga de su buque. «No vale mucho», respondió Juan de Kalais, pero el capitán inglés le dijo que para él sí que era muy valiosa, así que cerraron el trato. Nuestro Juan de Kalais regresó a casa de su madre, y la mujer se enfureció esta vez todavía más. «¡Ya no tengo nada con que cargar ese barco!», le dijo. «En vez de ricos, ahora somos pobres. ¡Más nos hubiese valido que te hubieras quedado en casa!»

Pocos días después Juan se casó con la joven, pero como nada tenía para cargar en su barco, andaba muy preocupado. «No necesitas carga ninguna», le dijo su joven esposa, y le dio una bandera, un pañuelo y un anillo, y le dijo que se dirigiese al fondeadero de Portugal, y que disparase allí tres salvas de cañón. Así lo hizo Juan, y todos los habitantes de la ciudad quedaron atónitos al escucharlas. El rey mismo subió a la cubierta del barco a preguntarles cómo se habían atrevido a disparar, y a decirle que por ello se considerasen todos prisioneros (68). Juan de Kalais le respondió que le traía noticias de su hija Marie Madeleine (así se llamaba la esposa de Juan), y le mostró la bandera con el retrato de la joven y el pañuelo. El rey se puso muy contento y encargó a Juan de Kalais regresar para traerle a su hija.

El rey tenía para su servicio personal a un viejo general (69) que siempre había querido casarse con Marie Madeleine, pero la joven le había rechazado. Este hombre le pidió al rey permiso para ir también él a buscar a su hija, pues así —dijo— se haría todo más deprisa. «Ve si lo deseas», le respondió el rey.

Estando ya en altamar, el general llamó un día a Juan de Kalais.

«¡Mira, Juan, mira que bonito pez hay aquí!»

Juan miró, y no vio nada. «Agacha más la cabeza y mira ahí», le indicó el viejo general, y cuando lo hizo, lo arrojó al mar. El general siguió el viaje y llevó a la joven con su padre el rey, y a éste le hizo creer que Juan de Kalais se había ahogado.

«Deseo casarme con tu hija», le pidió un día al monarca; pero la muchacha no consentía en absoluto, y decía que ella se había casado con Juan de Kalais y que estaba tan apenada por él que iba a permanecer siete años encerrada en su habitación; pero como su padre quería que se casase con el viejo general, finalmente accedió.

Veamos ahora qué había sido de Juan. Permaneció siete años en un peñasco en medio del mar, alimentándose de

---

(68) Este pasaje parece hacer sido extraído de «Mahistruba».

(69) En la versión gaélica del relato el malvado es un general, como en ésta, y no un segundo oficial cojo, como ocurría en «Juan Dekos». Véase Campbell, op. cit., Vol. II, pág. 118.

algas y bebiendo agua salada. Un día llegó hasta él un zorro (70), y le dijo:

«¿No sabes, Juan de Kalais, que la hija del rey de Portugal va a casarse mañana? ¿Qué estarías dispuesto a dar por poder ir allí?»

«La mitad de lo que ahora poseo, y la mitad de cuanto tenga más adelante.»

El zorro cogió entonces a Juan y lo llevó ante la mismísima puerta de la casa del Rey de Portugal, y allí lo dejó. Juan de Kalais llamó a la puerta y preguntó si no necesitarían un criado. «Sí, tendremos trabajo para tí también», le respondieron, «pues mañana se celebra una boda en la casa.» El ama de Marie Madeleine reconoció enseguida a Juan, y fue corriendo a decírselo a la reina. «Es imposible», dijo ésta, incrédula. «Se ahogó.» La sirvienta volvió a mirar al recién llegado otra vez. «Es él, estoy segura.» Entonces la princesa, para acabar con la discusión fue a verle por sí misma: rápidamente se convenció de que se trataba de Juan, pues reconoció el anillo que ella misma le había dado. Se arrojó a sus brazos y lo condujo a presencia del rey. «La boda se celebrará de todos modos», aseguró el monarca.

Cuando todos los invitados estaban sentados a la mesa, el rey le pidió a Juan de Kalais que les contase alguna historia. «De acuerdo», dijo Juan, y, sacando su espada, la dejó sobre la mesa. «Quienquiera que me interrumpa conocerá el sabor de mi espada», dijo, y empezó a relatar cómo había salvado el alma de un hombre vendiendo cuanto poseía para pagar sus deudas, y cómo después había hecho un cambio, entregando toda la carga de su barco para salvar a una joven, y cómo había sido traicionado por uno de sus amigos que lo arrojó al mar, y cómo había vivido desde entonces alimentándose de algas y agua salada.

Cuando el rey escuchó su relato, ordenó arrestar al viejo general y lo hizo quemar inmediatamente en medio de la plaza del mercado. Después le dio a Juan de Kalais todas sus riquezas, y todos vivieron felices. Un año más tarde tuvieron un hermoso niño y he aquí que llegó entonces el

(70) Véase la nota que aparece en el relato de «Juan Dekos».

zorro para cobrar lo que se le había prometido, y empezó a hacer la división: si por ejemplo había dos cadenas de oro, apartaba una; y así hacía con todo cuanto había. Cuando terminó, le dijo a Juan que todavía quedaba algo: «Me dijiste que sería la mitad de todo cuanto poseyeses.» Entonces Juan de Kalais recordó a su hijo, y sacó la espada dispuesto a partirle por la mitad, pero el zorro le arrancó la espada de la mano con su garra. «Es suficiente», le dijo. «Ya veo lo honrado que eres, y no quiero nada. Soy el alma que salvaste cuando pagaste aquellas deudas, y ahora estoy en el palacio. Te doy las gracias y guardaré allí un sitio para ti y para tu familia.» Y dicho esto se alejó volando, tomando la forma de una paloma.

LAURENTINE
Lo aprendió de su madre

EL PARROCO EMBAUCADO (71)

Erase una vez un hombre y su esposa como tantos otros en el mundo. El se llamaba Petarillo, y era muy aficionado a la caza. Un día capturó dos pequeñas liebres, y el párroco del pueblo fue a verle. Cuando se marchó, Petarillo le dijo a su mujer:

---

(71) En un principio habíamos descartado este relato, junto con algunos otros, por considerarlo carente de interés, hasta que gracias a Campbell descubrimos la amplitud de su difusión. La versión más antigua parece ser la italiana de Straparola (1567). El primer incidente de ésta última aparece en otro relato vasco. Los dos últimos son idénticos a los de la versión aquí recogida, y aparecen también en variantes gaélicas, aunque en dos versiones distintas. Respecto al asesinato de la esposa, véase Campbell, op. cit., Vol II, pág. 232. Véase también «Las tres viudas», y todas las variantes y notas, Vol II, pág. 218-238. ¿Se trata de un caso de transmisión de un pueblo a otro del relato italiano de Straparola? ¿O bien todas las versiones proceden de algún original que se ha perdido? ¿Posee este relato algún significado alegórico? Nos parece importante poder responder a todas estas cuestiones, y el relato aquí presentado creemos es un buen material sobre el que empezar a trabajar. «Petarillo» parece ser un nombre italiano.

«Si el párroco vuelve, suelta a una de las liebres, pero antes átale al cuello una carta, como si fuese a buscarme. Yo le ataré también una carta a la otra.»

Un día el párroco volvió a casa de Petarillo. «¿Dónde está tu marido?», le preguntó a su esposa.

«Voy a mandar a una de las liebres a buscarle. Dondequiera que esté, le encontrará. ¡Mi marido las ha entrenado tan bien!» Y dicho esto soltó a uno de los animales. El día avanzaba, y su impaciencia iba en aumento. Ya casi habían renunciado a ver a Petarillo cuando apareció en la casa. «Mandé la liebre a buscarte», le dijo su esposa.

«Aquí la tengo», respondió Petarillo.

El párroco se quedó atónito. «¡Tienes que venderme esa liebre, te lo ruego! ¡La has entrenado tan bien!»

«No te la venderé por menos de quinientos francos», le dijo Petarillo.

«¿No me la darás por trescientos?» regateó el párroco.

«No, no.»

Por último se pusieron de acuerdo en cuatrocientos francos. El párroco se llevó el animal a casa y le dijo a su ama de llaves:

«Si viene alguien a buscarme, suelta a la liebre. Ella me encontrará dondequiera que me encuentre.»

Al rato llegó un hombre a la parroquia para decir que un enfermo quería ver al párroco. El ama soltó inmediatamente a la liebre, segura de que con eso bastaría para hallar al párroco. Pero éste no regresó. El hombre se cansó de esperar y se marchó.

«He soltado a la liebre», le dijo el ama de llaves al párroco cuando éste regresó, «y no he vuelto a verla.»

El cura se fue hecho una furia a casa del cazador. Cuando Petarillo le vio acercarse en aquel estado, le dio un pellejo de vino a su esposa y le dijo:

«Ponte esto bajo la ropa. Cuando el párroco esté aquí, te clavaré un cuchillo simulando estar muy enfadado, y tú te caerás como si hubieses muerto. Pero cuando yo empiece a tocar la flauta, te levantarás como si volvieses a la vida otra vez.»

Llegó el párroco, y comenzó una disputa muy violenta

entre los tres. Petarillo le clavó el cuchillo a su esposa, y la mujer cayó al suelo.

«¿Sabes lo que has hecho?», le dijo el párroco.

«No es nada. Enseguida lo arreglo», le respondió Petarillo, y comenzó a tocar la flauta. La mujer se levantó.

«¡Véndeme esa flauta, te lo ruego!»

«No, es de gran valor y no pienso venderla», dijo Petarillo.

«¡Pero *tienes* que vendérmela! ¿Cuánto quieres por ella? ¡Te daré lo que pidas!»

«Quinientos francos.»

El párroco le entregó el dinero y se llevó la flauta. Su ama de llaves solía burlarse y reírse de él de vez en cuando, así que cuando llegó a casa se dijo que iba a asustarla un poquito. Como de costumbre, la mujer empezó a mofarse de él, y entonces el cura la apuñaló con un enorme cuchillo.

«¿Sabes lo que has hecho?», le dijo su hermana. «Has matado a tu ama de llaves.»

«¡No, no! Puedo arreglarlo ahora mismo», dijo el párroco, y comenzó a tocar la flauta, pero no sirvió de nada. El cura corrió enfurecido a la casa del cazador, le ató, le metió en un saco, y se lo llevó con la intención de arrojarlo al mar. Cuando pasaba ante la iglesia, sonaron las campanas, así que dejó el saco en un rincón hasta después de decir la misa. Mientras tanto, acertó a pasar por allí un pastor. «¿Qué hace ahí?», le preguntó a Petarillo cuando le vio metido en el saco.

«El párroco va a tirarme al mar porque no quiero casarme con la hija del rey.»

«Te soltaré y me pondré en tu lugar», le dijo el pastor. «Cuando me hayas atado, aléjate y llévate mi rebaño.»

Cuando regresó el párroco, cogió el saco y reemprendió la marcha. Entonces el pastor le dijo:

«Me casaré con la hija del rey.»

«Y yo me voy a casar contigo ahora mismo», dijo el párroco, y lo arrojó al mar.

Cuando volvía a su casa, se encontró con Petarillo y el rebaño de ovejas, y le preguntó:

«¿De dónde has sacado ese rebaño?»

«Del fondo del mar. Hay montones de ovejas allí. ¿No ves esa cabeza blanca que sobresale del agua?»

«Sí, yo también quiero tener un rebaño como éste.»

«Acércate aquí, entonces.»

Y nuestro cazador lo empujó al mar.

GAGNA-HAURRA HIRIGARAY

Tenemos recogidos otros relatos sobre curas, todos con espíritu semejante a éste. Los vascos son un pueblo muy religioso, y normalmente mantienen muy buenas relaciones con el clero, pero no se dejan dominar por él. Cualquiera que intente interferir indebidamente en sus juegos o costumbres ciertamente se lamentará de ello. De esto tenemos varios ejemplos, algunos muy divertidos. Resaltar además que G.H., el narrador de este relato, no sabía una sola palabra de francés.

Algunos de los relatos de Campbell comienzan de forma similar a éste, por ejemplo, en el Volumen I, pág 95, el cuento relatado por Macdonald: «Erase una vez un rey y un caballero, como hubo y habrá, que como crece el abeto, algunos son torcidos y otros derechos, y era Rey de Eirinn.» El final del relato: «Si hubiesen vivido bien, habrían muerto bien también», nos recuerda a una inscripción latina que todavía puede verse en las casas vascas:

«Memento tua novissima,
Et non peccabis in aeternum.»

Vimos esta inscripción en dos casas de Baigorry, y en una de Ascarrat, y probablemente figure en muchas otras.

(B). CUENTOS DE HADAS TOMADOS DIRECTAMENTE DEL FRANCES

No creemos que los relatos agrupados bajo este encabezamiento sean los únicos de nuestra colección que hayan sido tomados más o menos directamente de o a través del francés. Sin embargo la cuestión permanece: ¿De dónde extrajeron sus materiales Madame d'Aulnoy, Perrault y demás escritores de los encantadores «Contes des Fées?»

Por mucho que valoremos su talento, les consideramos incapaces de haber inventado esos relatos. Combinar, trasponer, revestir, refinar, todo esto lo hicieron incomparablemente bien. Algunas partes de los cuentos pueden haberlas entresacado de relatos orientales; su propia imaginación quizá haya rellenado muchos huecos, ampliado alguna idea suelta, vestido muchos cuerpos semidesnudos con los hábitos de sus tiempos (igual que los pintores heráldicos formaban monstruos grotescos escogiendo y uniendo partes de muchos animales distintos), pero crear, aunque sea en la imaginación, estaba más allá de sus posibilidades, si es que no está más allá de cualquier capacidad humana. Por tanto, cuando oímos estos relatos de labios de campesinos que ignoran el francés, podemos todavía preguntarnos en qué medida los han aprendido de segunda o tercera mano de originales escritos, o bien si están recitándonos los materiales «crudos» en los que se inspiraron los libros. Esta es una cuestión a la que únicamente puede responderse plenamente cuando todas las leyendas de todas las lenguas y dialectos de Francia hayan sido recogidas y comparadas. Mientras tanto, rogamos a nuestros lectores que acepten estos pocos cuentos como nuestra modesta contribución a la edificación de tan vasta tarea.

PIEL DE ASNO (1)

Erase una vez un rey y una reina como tantos otros en el mundo. Un día llegó hasta ellos una joven que deseaba buscar trabajo. Le preguntaron su nombre, y ella respondió «Fiel» (2). «¿Y eres como tu nombre?», le preguntó el rey. «Sí», dijo la joven.

Pasó siete años en aquella casa. Su señor le dejaba todas las llaves, incluída la del tesoro real. Un día que el rey y la reina habían salido, Fiel se fue a la fuente, y al volver vio a siete ladrones que salían de la casa. ¡Imagínense cómo se sintió la joven! Fue corriendo a donde estaba el tesoro, y descubrió que la mitad había desaparecido. ¿Qué iba a ser de ella ahora? Cuando el rey y la reina regresaron, les contó

(1) «Peau d'Ane».
(2) «Fidèle».

lo que había ocurrido, pero no la creyeron y la encerraron en prisión. Allí permaneció un año, insistiendo en que era inocente; mas de nada le sirvió. El rey la condenó a muerte, y la envió con cuatro sirvientes al bosque. «Traedme su corazón», les ordenó.

Partieron, pero los criados pensaron que sería una lástima tener que matar a esta joven, tan bonita como era, y además que se decía inocente del robo; así que le dijeron:

«Si prometes no volver más por aquí, te perdonaremos la vida.»

La joven se lo prometió. Los criados vieron entonces a un asno, y le dijeron que sería el corazón del animal el que mostrarían al rey. Ella les rogó:

«Despellejad al asno, os lo suplico, y para que nadie pueda reconocerme, nunca me quitaré su piel de encima.»

Así lo hicieron, volvieron a la casa del rey, y la joven se marchó a buscar cobijo. Cuando cayó la noche encontró una bonita casa. «¿No necesitaréis a alquien que cuide de los gansos?», preguntó. «Sí, sí, sí», le dijeron, y la mandaron con los gansos. Todos los días tenía que conducirlos a un campo; se levantaba muy temprano y volvía muy tarde. Y resulta que donde trabajaba era la casa del rey de aquel país, y quienes vivían allí eran la reina y su hijo.

Cierto día, pasado un tiempo, Fiel se encontró con una anciana que le dijo:

«Fiel, ya has hecho suficiente penitencia. El hijo del rey va a organizar unas fiestas, y tú debes asistir. Esta noche le pedirás permiso a tu señora, y le dirás que si te deja ir, le contarás todos los chismes del baile. Y mira, aquí tienes una nuez. Todos los vestidos y adornos que desees saldrán de ella. Deberás romperla en el camino al lugar de la fiesta (3).»

Esa noche Fiel solicitó a su ama permiso para presen-

(3) En ese momento le preguntamos a la narradora: «¿Era el palacio del rey el lugar donde iba a celebrarse la fiesta?» «No», respondió ella muy seria, «era en el *mairie*» (*en francés en el original. «Mairie» es un ayuntamiento o edificio similar de un «arrondissement» o municipio. N.T.*). En otros relatos es en la «place», es decir en la plaza de mercado que hay en la mayoría de los pueblos y aldeas del sur de Francia, situada generalmente frente a la iglesia o al *mairie*.

ciar los festejos del rey, aunque sólo fuese un ratito, y le prometió que después volvería a contarle cuanto hubiese visto allí. «De acuerdo», le dijo la señora. Así que se puso en camino, rompió la nuez, y de ella salió un vestido plateado. Fiel se vistió con él y llegó a la fiesta, y nada más entrar todos se quedaron absortos contemplándola. El rey estaba como encantado, no la dejaba sola ni un instante y bailaba siempre con ella, sin mirar siquiera a las demás jóvenes. Sin embargo, en un momento en que él fue a atender a unos amigos, Fiel aprovechó la ocasión y escapó a su casa.

Al llegar le contó a la reina cómo una joven asistente al baile había deslumbrado a todos, y en especial al rey, que sólo parecía tener ojos para ella, pero cómo después había escapado.

Cuando el hijo volvió a casa, su madre le dijo:

«¿Así que la jovencita se escapó de ti, no? Eso es, sin duda, que no le importas nada.»

«¿Quién te ha contado eso?», le preguntó el rey.

«Piel de Asno, que quería ver la fiesta y le autoricé para ir.»

Entonces el rey fue a buscar a Fiel y le dio dos zapatillazos:

«Si vuelves otra vez al baile te haré matar allí mismo.»

Al día siguiente Piel de Asno salió con sus gansos, y volvió a encontrarse con la anciana. «Debes volver al baile esta tarde», le dijo la vieja. «Tu señora te dará permiso. Aquí tienes una nuez. Te proporcionará cuanto necesites para vestirte. El rey te preguntará tu nombre, y tú le responderás: Braf-le-mandoufle (4).»

Fiel volvió a solicitar permiso a su señora. «¿Es que no recuerdas lo que ha dicho el rey, que si te coge allí te matará al instante?», respondió la reina, sorprendida.

«No tengo miedo», dijo Fiel. «No me cogerá, seguro.»

«Ve, pues.»

La muchacha partió hacia el baile, y en el camino rompió la nuez, y de ella surgió un vestido dorado. Apenas

---

(4) Se nos explicó que significaba «Golpeada con la zapatilla». Esta versión procedía del Cascarrot, el barrio semigitano de San Juan de Luz, y quizá no sea *puramente* vasca. Con excepción de una o dos palabras el lenguaje es bastante correcto para tratarse de San Juan de Luz.

entró en el baile se le acercó el rey con mil y un cumplidos, y le preguntó por qué había escapado la noche anterior sin decirle una palabra, que le había dolido mucho.

Se divirtieron a lo grande, y el rey sólo tenía ojos para ella. «¿Cómo te llamas?» le preguntó. «Braf-le-mandoufle», dijo Fiel. Cuando el rey tuvo que ir a saludar a unos amigos, la joven volvió a escaparse.

Piel de Asno le contó a la reina que la joven aquella había vuelto a la fiesta, todavía más bella, y que se había marchado en mitad del baile. Cuando salió al campo con sus gansos, llegó el rey.

«Así que asistió esta noche la joven dama a la que amas», le dijo la reina. «Pero sólo te quiere a medias, porque ha vuelto a irse de la misma forma.»

«¿Quién te lo ha contado?»

«Piel de Asno.»

El rey fue a donde estaba la joven y la golpeó dos veces con la zapatilla. «Pobre de ti si vuelves a ir allí. Pues te haré matar», le advirtió.

Al poco rato volvió a aparecer la anciana. «Pide permiso otra vez para esta noche», le dijo a Fiel. «Toma este melocotón, que de él obtendrás cuanto necesites para vestirte.» Así lo hizo; se presentó ante la reina, solicitó su permiso y la reina le contestó:

«Si, sí, te doy permiso; pero, ¿no tienes miedo de que el rey te sorprenda? Ha dicho que te matará si vas al baile.»

«No tengo miedo, porque estoy segura de que no me cogerá. Ayer estuvo buscándome y no pudo encontrarme.»

Así que Piel de Asno partió para el baile, y en el camino abrió el melocotón, y encontró en su interior un vestido completamente cubierto de diamantes, y si ya estaba hermosa con los otros, ¡imagínense ahora! ¡Relucía como el sol!

El rey no cabía en sí de alegría, estaba como extasiado. No quería bailar, así que se sentaron cómodamente a dar cuenta de sus refrescos. El rey le pidió que le prometiese casarse con él. Fiel le dio su palabra, y entonces el monarca se quitó su anillo de diamantes y se lo entregó. En ese momento llegaron varios amigos a llamarle para que viese algo raro, y para allá se fue, dejando a la joven dama, que aprovechó la ocasión para volver a escapar (5). Regresó a casa y le contó a su señora cuanto había ocurrido, y cómo la joven se había prometido en matrimonio con el rey, y cómo éste le había entregado su anillo de diamantes, pero lo mejor de todo era que aquella misteriosa joven había vuelto a escapar.

En ese mismo instante llegó el rey a la casa, y su madre le dijo:

«Esa chica no tiene ningún interés, pero ninguno, por ti. Se ha ido con tu anillo de diamantes. ¿Dónde vas a ir a ahora a buscarla? No sabes dónde vive. ¡¿Dónde vas a ir a preguntar por una chica que se llama "Braf-le-mandoufle"?! Te ha prometido matrimonio, cierto, pero no desea casarse contigo si se ha comportado así.»

Nuestro rey ni siquiera le preguntó a su madre quién le había contado lo ocurrido, sino que se fue a la cama muy enfermo, y Piel de Asno se libró así de sus dos zapatillazos esa noche.

La reina se sentía muy preocupada por ver a su hijo en tal mal estado. No podía dejar de pensar en quién sería aquella joven misteriosa, hasta que un día le dijo a su hijo «¿Será acaso esa joven nuestra Piel de Asno? Si no, ¿cómo puede ella saber que te habías comprometido en matrimonio, y que habías regalado tu anillo? Debe haber estado muy cerca de tí en la fiesta. ¿No la viste?»

«No», respondió el rey, absorto en sus pensamientos.

«La chica que tenemos a nuestro servicio esconde una cara muy hermosa bajo su piel de asno. Haz que venga a traerte un poco de caldo, y mírala con atención.»

Piel de Asno fue pues a la cocina, preparó el caldo y dentro del pan escondió el anillo que el rey le había dado. La reina le mandó vestirse bien para llevarle el caldo a su hijo. Este cuando la vio, todavía dudaba. Se bebió el caldo, y cuando le hincó el diente al pan, se tropezó con algo muy duro. ¡Era su anillo de diamantes! Saltó de la cama completamente curado y fue corriendo a decirle a su madre que había encontrado a su joven dama.

---

(5) Ante la exclamación de sorpresa de uno de los oyentes, el narrador dijo piadosamente: «Fue la Santa Virgen quien permitió todo aquello.»

Quería casarse inmediatamente, e invitó a todos los reyes de los países vecinos a asistir a la fiesta, y cuando estaban cenando y todos contaban historias, le pidieron a la prometido que les contase algo. «De acuerdo», dijo ella, «pero no puedo contar aquí lo que sé pues no sería del agrado de los comensales.» «Habla sin temor», le dijo su esposo, y, sacando su espada, advirtió:

«Quienquiera que la interrumpa será atravesado por mi espada.»

Entonces la joven empezó a contar la historia de una pobre chica que servía en el palacio de un rey, donde pasó siete años. Explicó cómo todos la querían mucho en aquella casa, tanto que le otorgaron toda su confianza, e incluso le dieron las llaves del tesoro real. Un día, que el rey y la reina habían salido, entraron unos ladrones y se llevaron casi todo, pero el rey no la creyó, la encerró en prisión durante un año entero, y después la mandó matar, ordenando a los verdugos que le trajesen su corazón. Pero los verdugos eran mejores que el rey, y creyeron en su inocencia, así que mataron a un asno y le llevaron su corazón al rey. «Y para probar cuanto digo, os diré que yo soy la joven sirviente de aquel rey», concluyó Fidel.

«¿Quién puede ser ese rey?», le preguntó su esposo. «¿Acaso se trata de mi tío?»

«No sé si es tu tío, pero es ese caballero de ahí», contestó la joven, y su esposo cogió su espada y mató a aquel malvado rey allí mismo.

«Nunca más tendrás que temerle.»

Y desde entonces vivieron muy felices. Pasado un tiempo tuvieron dos hijos, un chico y una chica. Cuando el muchacho cumplió siete años murió, diciendo a sus padres que iba al cielo a guardarles un sitio. Una semana después también murió la hija, y les prometió que también ella se iba al cielo, y que allí les prepararía un lugar pues, también ellos, se reunirían pronto con ella. Y tal y como había dicho, un año después el rey y su esposa murieron exactamente al mismo tiempo, y fueron al cielo.

LAURENTINE

Tenemos otras cuatro versiones de este relato recogidas por escrito, y algunas más que oímos pero no anotamos. Una que se asemeja mucho a ésta, excepto en el principio, comienza con la proposición de matrimonio que el hijo de un rey le hace a una de las tres hijas de otro monarca. Este último les pregunta a sus tres hijas (igual que el Rey Lear) cuánto le quieren. La mayor le respondió «Te quiero lo mismo que a mi dedo meñique.» La segunda le dijo: «Te quiero tanto como a mi dedo corazón», y la más joven de las tres le contestó: «Te quiero tanto como el pan quiere a la sal.» El padre, enfurecido, la envía al bosque con dos criados, a los que ordena matarla. Los verdugos le perdonan la vida, y le llevan al rey el corazón de un caballo. La joven se queda a vivir en el bosque, «de las plantas que le traían los pájaros y las flores que le traían las abejas.» Un día que sale de caza, el hijo del rey se la encuentra, la lleva a su casa y la hace su esposa. En la fiesta de la boda, ella le da a su padre pan sin sal y a continuación revela su identidad. Todos viven felices excepto las dos hermanas, que se quedan solteras.

Otras dos versiones comienzan igual que «El rey que quería casarse con su hija», Campbell, op cit. Un rey pierde a su esposa, que en el lecho de muerte le hace prometer que sólamente se casará con alguien igual que ella. Se trata, por supuesto de su hija. Pero ésta no desea hacerlo, y le pide consejo a su abuela. «Consigue un traje nupcial confeccionado con alas de mosca», le dice ésta, y aun pareciéndole imposible, la joven consigue el traje. El día de la boda, escapa —en uno de los relatos en un barco, en el otro, a pie— y se pone a trabajar de sirvienta. El rey va a organizar un baile. Aparece la anciana, le da a la joven la nuez con los vestidos, etc. Pero en uno de estos relatos, el día de la boda la joven estaba más hermosamente vestida que nunca, «¡Y dénse cuenta! Se hicieron los vestidos el uno para el otro», es decir, ¡se visten el uno al otro! «No entiendo cómo es esto», dijo el narrador, «pero así lo cuenta la historia.»

Tenemos una quinta versión de este cuento muy breve, que presentamos aquí puesto que presenta a la madrastra bajo una perspectiva bastante inusual:

LA MADRASTRA Y LA HIJASTRA

Un padre viudo y su hija vivían juntos. La joven le insiste a su padre para que vuelva a casarse. «¿Por qué?», le respondió éste. «Serás desgraciada.» «No me importa», le dice su hija. «Prefiero verte feliz a ti.» Poco tiempo después el hombre vuelve a casarse, y su esposa le pide que le conceda pleno poder sobre la joven, para hacer con ella lo que quiera. El marido consiente, y no piensa más en su hija, de hecho no vuelve a verla nunca. La mujer advierte a la joven: «Si haces todo lo que te ordene, será mejor para ti.»

El rey vivía cerca de su casa, y un día la madrastra le entrega a la chica las llaves del palacio del rey y le dice que vaya a cierta hora de la noche, entre en el dormitorio real y, «sin despertarle», le traiga su cinturón. A la joven no le agrada en absoluto la tarea, pero a pesar de ello va allí y cumple su misión sin que nadie la vea. Al día siguiente la madrastra le ordena volver para traerse esta vez la cadena del reloj del rey. Cuando la joven la está cogiendo, el rey se mueve en la cama, ella se asusta y se marcha corriendo, pero pierde un zapato junto a la puerta del dormitorio real. Pocos días después el rey anuncia que irá por todas las casas con un zapato, y que se casará con la mujer a la que se le ajuste perfectamente. El rey busca por todas partes, primero en las casa de los ricos, pero como había dicho que iría a todas, un día visita la casa del caballero que había vuelto a casarse, que, como digo, estaba muy cerca del palacio. Los miembros de su corte le preguntaron al rey por qué va allí, pues se trata de gente muy pobre, pero el monarca insiste en ir. Le recibe la madrastra, que le dice que son muy pobres y que le avergüenza recibir al rey en el dormitorio, pero allí aparece su hijastra hermosamente vestida y con un solo zapato. Estaba deslumbrante de belleza, y el rey se queda prendado de ella. Se casan inmediatamente, y el monarca se lleva al padre y a la madrastra de su esposa con ellos, y todos vivieron felices, y así esta hijastra le debió su buena fortuna a su madrastra.

LOUISE LANUSSE

Hay dos curiosas versiones de estos relatos en los «Contes Populaires Recueillis en Agenais» *(París, Baer, 1874), n.º I y VIII. Quienes deseen compararlas con otras versiones, pueden seguir las referencias que ahí aparecen, escritas por Reinhold Köhler, en las páginas 145 y 153; también las que aparecen en las páginas 44 y 47 de los* «Contes Populaires de la Grande Bretagne», *de Brueyre (París, Hachette, 1875).*

LA BELLA Y LA BESTIA (6)

Como hay ahora mismo muchos otros en el mundo, había una vez un rey que tenía tres hijas. Se pasaba todo el tiempo llevándoles regalos a las dos mayores, pero no le prestaba atención ninguna a la pequeña, aunque era la más hermosa y amable.

El rey estaba siempre viajando de feria en feria, y de fiesta en fiesta, y de todas partes les traía algo a sus dos hijas. Un día, en el que de nuevo se disponía a asistir a una fiesta, le dijo a la más pequeña de las tres:

«Nunca te traigo nada. Dime lo que quieres y lo tendrás.»

«No quiero nada.»

«Sí, sí. Deseo traerte algo.»

«Bueno, entonces tráeme una flor», le dijo su hija.

El rey se marchó, y en aquella ocasión se pasó mucho tiempo comprando. Un sombrero y un chal para una. Y para la otra una hermosa tela con que confeccionar un vestido. Cuando regresaba a casa, al pasar ante un bonito castillo vio un jardín lleno de flores.

«¡Qué demonios!», se dijo. «¡Ya me iba a casa sin una flor para mi hija! Pero aquí hay muchas.»

Así que cogió unas cuantas, y nada más hacerlo escuchó una voz que le decía: «¡¿Quién te ha dado permiso para coger esa flor?! Como tienes tres hijas, si no me traes a una de ellas antes de que termine el año, morirás quemado dondequiera que te encuentres. Tú y toda tu corte.»

(6) Véase «La serpiente del bosque», en el capítulo II de este mismo volumen.

El rey volvió a su palacio, le dio los regalos a sus hijas mayores y el ramillete de flores a la pequeña. «Gracias, papá», le dijo. Pasado un tiempo, el rey empezó a ponerse triste.

«¿Qué te pasa, papá?», le preguntó la hija mayor.

«Si una de vosotras no va a cierto castillo antes de que acabe el año, moriré entre llamas.»

«Quémate si quieres», le respondió la mayor. «Yo desde luego no iré. No tengo ninguna gana. Arréglalo con las otras.»

También la segunda hija le preguntó: «Pareces muy triste, papá. ¿Qué te pasa?» Y el rey le contó cómo le habían obligado a enviar a una de sus hijas a cierto lugar antes de que terminase el año, o de lo contrario le quemarían.

«Arregla tus asuntos como quieras», le dijo la segunda hija, «pero no cuentes conmigo.»

Pasados unos días, la más pequeña le preguntó: «¿Qué te pasa, papaíto, que estás tan triste? ¿Alguien te ha hecho daño?»

«Cuando cogí tu ramillete de flores», le explicó el rey, «una voz me dijo: "Debo tener a una de tus hijas antes de que acabe el año", y ahora no sé qué puedo hacer. Me dijo que me quemaría si no cumplía su orden.»

«No te preocupes, papaíto. Yo iré», le dijo la pequeña, y se marchó inmediatamente en un carruaje. Llegó al castillo, entró, y empezó a escuchar música y risas por todas partes, aunque no pudo ver a nadie. Durmió allí, y a la mañana siguiente se encontró una taza de chocolate preparada, y cuando cayó la noche, también la cena. Se fue a dormir, y seguía sin ver ni un alma. Cuando amaneció, una voz le dijo:

«Cierra los ojos. Quiero reposar mi cabeza en tus rodillas por un instante.»

«Ven, ven. No tengo miedo», dijo la pequeña. Apareció entonces una serpiente enorme, y la joven no pudo evitar un estremecimiento al verla, pero un momento después había desaparecido. La pequeña vivió muy feliz en el castillo, pues durante ese tiempo no le faltó de nada. Un día la voz le preguntó si no deseaba regresar a su casa.

«Soy muy feliz aquí. No la echo de menos», contestó la pequeña.

«Si quieres, puedes ir a pasar tres días allí.»

La serpiente le entregó un anillo, y le dijo: «Si cambia de color es que estoy enfermo, y si se convierte en sangre, es que me siento muy desdichado (7).»

La joven partió para casa de su padre, que se alegró mucho de volver a verla, y sus hermanas le dijeron: «Debes ser muy feliz allí pues estás más guapa que antes. ¿Con quién vives en ese castillo?»

«Con una serpiente.»

No la creían. Los tres días se pasaron volando, y ella se olvidó de la serpiente. Al cuarto miró el anillo y vio que había cambiado. Lo frotó con el dedo, y empezó a sangrar. Al verlo, la chica fue corriendo a su padre para decirle que se marchaba. Llegó al castillo, y todo parecía muy triste allí. La música ya no sonaba, todo estaba cerrado. Fifine (que así se llamaba la joven) se puso a llamar a Azor (la serpiente), pero ésta no apareció por ningún lado. Miró por toda la casa, y después se descalzó y salió al jardín. «¡Azor, Azor!», la llamaba. Encontró al fin un rincón detrás de un parterre que estaba completamente helado, e inmediatamente encendió allí mismo un gran fuego. Entonces, súbitamente, Azor salió de la tierra y le dijo:

«¡Ah!, ¡me habías olvidado! Si no llegas a encender el fuego, habría muerto.»

«Sí, te había olvidado», le contestó ella, «pero el anillo me hizo recordarte.»

«Ya sabía lo que iba a suceder, por eso te entregué el anillo.»

Fifine regresó a la casa y lo encontró todo como antes, incluso ya la música sonaba por todas partes. Al cabo de unos días, Azor le dijo: «Debes casarte conmigo.» Fifine no le respondió, y Azor volvió a pedírselo otra vez, y otra más, pero la muchacha permanecía callada. La casa volvió a ponerse triste. La música no sonaba y las comidas no aparecían preparadas a su tiempo. Por cuarta vez Azor le pidió que se casara con él. Fifine no contestó, se encerró a oscu-

---

(7) Véase el pozo situado detrás de la casa en «El pescador y sus tres hijos», del Cap. VI de este mismo volumen.

ras sin decir nada, y así pasó varios días, sin comer siquiera, hasta que se dijo:

«Me cueste lo que me cueste, tengo que decir "sí".»

La serpiente volvió a preguntarle:

«¿Te casarás conmigo?»

«Me casaré con el hombre, no con la serpiente», respondió ella, y nada más decirlo, la música comenzó a sonar como de costumbre. Azor le dijo que debía regresar a casa de su padre para preparar cuanto fuese necesario, pues se casarían al día siguiente. Fifine regresó a su casa y le dijo a su padre que iba a casarse con la serpiente al día siguiente, y que por favor le preparase cuanto necesitaba. Su padre aceptó, aunque se sintió muy dolido. También sus hermanas le preguntaron quién era el novio. «La serpiente», fue la respuesta. ¡Las muchachas se quedaron de piedra al oír aquello! Fifine volvió al castillo, y Azor le dijo:

«¿Qué prefieres? ¿Serpiente de la casa a la iglesia o serpiente de la iglesia a la casa?»

«De la casa a la iglesia, serpiente», respondió Fifine.

«Yo también», dijo Azor.

Llegó un hermoso carruaje a la puerta del castillo. Fifine y la serpiente se subieron a él, y al llegar a la casa del rey, la serpiente le dijo:

«Cierra las puertas y echa las cortinas para que nadie pueda verme.»

«¡Pero te verán cuando bajes de la carroza!», le dijo Fifine.

«No importa, ciérralas de todos modos.»

Fifine se dirigió hacia su padre, que llegaba con toda su corte para recoger a la serpiente. Abrió la puerta de la carroza y ... ¡qué sorpresa! En lugar de la serpiente se encontraron a un joven encantador. Se fueron todos a la Iglesia, y al terminar dispusieron un gran banquete, pero el novio le dijo a su esposa:

«Hoy no debemos organizar ninguna fiesta. Tenemos que hacer algo muy importante en palacio. Otro día celebraremos el banquete.»

Fifine se lo dijo a su padre, y se marchó con su esposo a su castillo. Azor sacó una piel de serpiente de un cesto y le dijo:

«Harás un gran fuego, y cuando oigas la primera campanada de la medianoche arrojarás esta piel de serpiente a las llamas. Debe quemarse completamente, y tienes que arrojar las cenizas por la ventana antes de que suene la última campanada. Si no lo haces, seré desgraciado para siempre.»

«Haré todo lo que pueda», dijo Fifine.

Antes de medianoche comenzó a preparar el fuego. En cuanto oyó la primera campanada, echó la piel de serpiente a la hoguera, y con dos atizadores empezó a avivar el fuego y remover la piel, hasta que se escucharon diez campanadas. Después cogió una pala y arrojó con ella las cenizas por la ventana, justo cuando sonaba la última campanada. Entonces atronó el lamento de una voz terrible:

«¡Maldigo tu astucia, y lo que acabas de hacer!»

En ese instante entró su marido, que no cabía en sí de alegría. La besó, y no sabía cómo decirle el mucho bien que le había hecho.

«Ahora no tengo nada que temer. Si no hubieses seguido mis instrucciones, habría seguido encantado durante veintiún años más. Ahora todo ha terminado, y mañana iremos tranquilamente a casa de tu padre a celebrar los esponsales.»

Al día siguiente se celebró el banquete, y lo pasaron estupendamente. Regresaron después a su palacio a recoger las cosas más bonitas que poseían, porque no deseaban seguir viviendo en aquel rincón de la montaña. Cargaron todo cuanto tenían de valor y se fueron a vivir con el rey. Fifine tuvo cuatro hijos, dos chicos y dos chicas, y como sus hermanas estaban muy celosas de ella, el rey las expulsó de la casa. Después le cedió la corona a su yerno, que, a su vez, era hijo de otro rey. Y como habían vivido bien, murieron bien también.

LAURENTINE

Existe otra versión de este relato más parecida a su prototipo, el «Cupido y Psyche», de Apuleyo. En ella el monstruo sólamente aparece por la noche. Al principio la joven está aterrorizada, pero poco a poco va acostumbrándose a él hasta que llega a quererle. Por último, pasa varios días sola hasta que aparece un hermoso joven, el hijo de un rey, que había sido encantado y convertido en monstruo hasta que alguien le amase. Por supuesto se casan y son felices. Nos fue contada por Estefanella Hirigaray.

En una tercera versión, que no anotamos, el padre era un marino en vez de un rey.

EL ZAPATERO Y SUS TRES HIJAS (BARBAZUL)

Erase una vez un zapatero como tantos otros en el mundo, que tenía tres hijas. Eran muy pobres. El hombre ganaba lo justo para dar de comer a sus niñas, y no sabía qué iba a ser de él. Un día que vagaba sin rumbo, rumiando su tristeza, se encontró con un caballero.

«¿Dónde vas tan triste?», le preguntó al zapatero.

«Ni aunque te lo dijera tendría alivio ninguno.»

«Sí, sí, dímelo. Nunca se sabe. Cuéntamelo.»

«Tengo tres hijas, y no tengo trabajo suficiente para mantenerlas. Por ello pasamos hambre en mi casa.»

«Si sólo es eso, lo arreglaremos. Entrégame a una de tus hijas, y a cambio te daré mucho dinero.»

Al zapatero le dolió mucho concertar un trato así, pero no tenía más remedio que aceptarlo, así que le dio la hija mayor al caballero. Este se la llevó a su palacio, y pasado un tiempo le dijo: «Tengo que realizar un corto viaje. Te dejo todas las llaves, puedes mirar lo que quieras, pero hay una llave que no debes usar, porque te traería desgracias», y dicho esto se marchó.

La joven entró en todas las habitaciones, y todas las encontró muy bonitas, pero le picaba la curiosidad por ver la que estaba prohibida. Así que utilizó la llave y entró en una habitación que estaba llena de pilas de cadáveres. ¡Imagínense su pánico! Se puso a temblar y la llave se le cayó al suelo. Cuando llegó su marido, le preguntó si había entrado en la cámara prohibida. «Sí», respondió ella, y el caballero la encerró en un calabozo subterráneo. Le daba lo justito para comer, y además era carne humana.

Mientras tanto al zapatero se le había acabado el dinero, y la melancolía volvió a apoderarse de él. El caballero fue a buscarle otra vez y le dijo:

«Tu hija mayor no es feliz estando sola. Debes darme otra hija; cuando la mayor vuelva a ser feliz te la devolveré. A cambio te entregaré todo este dinero.»

Al zapatero no le gustó nada aquello, pero era tan pobre que le entregó a su segunda hija. El caballero se la llevó a casa, y pasados unos días le dijo:

«Debo hacer un corto viaje. Te dejaré todas las llaves de la casa, pero no uses la de esa habitación.»

Así que se marchó, cerró la puerta de la casa y le dejó comida y provisiones suficientes hasta que él regresara. La joven decidió enseguida mirar en todas las habitaciones, y como era muy curiosa, entró en la cámara prohibida. Se asustó tanto al ver tal cantidad de cadáveres que dejó caer la llave a suelo. Cuando el amo regresó le preguntó:

«¿Has entrado en esa habitación?»

«Sí», contestó ella, y el caballero la encerró en la mazmorra con su hermana.

Mientras tanto al zapatero se le había acabado una vez más el dinero, y volvía a estar triste. Entonces apareció de nuevo el caballero y le dijo:

«Te daré este montón de dinero si permites que tu hija pequeña venga a mi casa a pasar unos días. Las tres estarán más felices juntas; después te devolveré a las dos mayores.»

El zapatero le creyó, y le entregó a su hija pequeña. El caballero le dio el dinero y se llevó a la muchacha consigo. Pasados unos días le dijo:

«Me voy de viaje. Te dejo todas las llaves de la casa, puedes entrar en todas las habitaciones excepto en esa.» Cerró la puerta y se marchó. La joven se fue directa a la cámara prohibida, la abrió e ¡imagínense su horror al ver a tantos muertos! «También a mí me matará», pensó, y como había decenas de armas en la cámara, cogió un sable y se lo escondió bajo el vestido. Siguió buscando por el castillo hasta que encontró a sus dos hermanas medio muertas de hambre, y a un joven en el mismo estado. Los curó a los tres lo mejor que pudo, y esperó hasta que el caballero regresara.

«¿Has entrado en esa habitación?», preguntó él nada más entrar.

«Sí», dijo ella, y al devolverle las llaves, las dejó caer al suelo a propósito. Cuando el caballero se agachó para recogerlas, le cortó la cabeza con la espada que había guardado ¡Qué alegría sintió! Corrió a liberar a sus hermanas y al joven, que era hijo de un rey. Mandó a buscar a su padre, el zapatero, que se quedó allí a vivir con sus dos hijas, pues ella se casó con el joven príncipe, y se marchó lejos. Y como vivieron bien, murieron bien también.

En otra versión narrada por Estefanella Hirigaray, se recoge el relato más ordinario de «Barbazul»: un viudo que ha asesinado a sus veinte esposas y se casa con la vigésimo primera, que tiene dos hermanos. A la mujer se le cae la llave mientras está en la cámara prohibida, y las manchas de sangre la delatan. Consigue escribir un mensaje para sus hermanos, y el diálogo con el que intenta ganar tiempo mientras vienen en su ayuda es muy ingenioso. Su marido le permite ponerse su traje de bodas antes de morir. Ella va a vestirse, y, entretanto, escucha la voz de su marido: «¿Estás preparada?» «Me estoy poniendo el vestido.» Y otra vez, «¿Estás preparada?» «Concédeme un momentito más.» «¿Estás preparada?». «Me estoy ciñendo el vestido.» «¿Estás lista ya?» «Me estoy poniendo las medias», y al tiempo no cesa de mirar por la ventana para ver si llegan sus hermanos. «¿Estás preparada?» «Espera un momento, me estoy poniendo los zapatos.» «¿Estás preparada?» «Estoy cepillándome el pelo.» «¿Estás preparada?» «Déjame ponerme mi guirnalda», y entonces ve a sus hermanos acercarse cabalgando por el bosque, pero todavía muy lejos. «¿Estás lista?» «Voy en un momentito.» «¿Vienes en un momentito? Seré yo el que vaya como no bajes.» «No, no subas, yo bajo solita.» Cuando está bajando las escaleras Barbazul la apresa para matarla, pero en ese momento los hermanos irrumpen en la casa y la salvan de la muerte, encerrando a su esposo en prisión.

También escuchamos otra versión que desgraciadamente no anotamos. Había algún asunto relacionado con un caballo, y era semejante a «La viuda y sus tres hijas», en Campbell, op cit., Vol II, cuento n.º 41, pág. 265.

EL ARBOL QUE CANTABA, EL PAJARO QUE DICE LA VERDAD Y EL AGUA QUE REJUVENECE

Erase una vez tres jóvenes muchachas como tantas otras en el mundo. Un día estaban tejiendo juntas, y como las chicas siempre tienen que hablar de algo mientras tejen, la mayor de las tres dijo:

«¿A que no adivináis lo que estoy pensando?»

«Dínoslo, dínoslo», le pidieron las otras dos.

«Que me gustaría casarme con el ayuda de cámara del rey.»

«Y a mí con su yerno», dijo la segunda.

«Y a mí con el rey mismo», aseguró la tercera.

Resulta que el rey vivía no muy lejos de allí, y justo en aquel momento pasaba ante la puerta de su casa, y escuchó lo que hablaban. Al día siguiente le preguntó a la mayor:

«¿De qué hablabas ayer mientras tejías?»

La chica se puso roja de vergüenza, pero el rey insistió tanto que al final se lo dijo:

«Decía que me gustaría casarme con tu sirviente.»

Después el rey mandó llamar a la segunda joven y le hizo la misma pregunta. La chica no quería responder, pero el rey la presionó tanto que al final dijo:

«Yo..., yo estaba diciendo que me gustaría casarme con tu yerno.»

La mandó de vuelta a casa, hizo llamar a la tercera y le repitió la pregunta. A ella nunca se le habría ocurrido expresar semejante atrevimiento, pero el rey insistió tanto que acabó contándoselo, y, para su sorpresa, el rey le contestó que efectivamente tenían que casarse, porque ella era tan bonita... La chica regresó corriendo a su casa, y les contó a sus hermanas que iba a casarse con el rey, y que las tres vivirían en el palacio.

Las dos hermanas se sintieron, con el paso del tiempo, muy celosas de la princesa. Así, en cierta ocasión, el rey se vio obligado a viajar a otro reino. Mientras estaba fuera, su mujer dio a luz una hermosa niña, pero sus hermanas le hicieron creer que había tenido un gato, y así se lo contaron al rey en una carta. El rey les contestó:

«Si es un gato, cuidadlo lo mejor que sepáis (8).»

Cuando el rey regresó de su viaje, no dijo nada del gato. Su esposa se quedó embarazada otra vez, y de nuevo el rey tuvo que partir lejos. Cuando la princesa dio a luz, sus hermanas le hicieron creer que había tenido un perro. ¡Imagínense el dolor y la pena de la joven! Las hermanas le escribieron al rey contándole que su esposa había alumbrado un perro, y que sin duda tenía algún asunto con animales. El rey contestó: «Si es un perro, cuidadlo lo mejor posible.» Pero ellas le contestaron que ya lo habían arrojado al agua, igual que habían hecho con el gato.

Afortunadamente, un jardinero que estaba allí, el mismo de la primera vez, vio la cesta, la cogió y se encontró con un hermoso recién nacido dentro. Se alegró mucho y se lo llevó a su esposa, que se encargó de criarlo.

Pasó el tiempo y la princesa quedó preñada por tercera vez. El rey tenía, esta vez, la intención de permanecer en casa hasta el parto, pero justo un poco antes se vio obligado a salir de viaje a algún lugar, y las hermanas de la princesa le escribieron, de nuevo, contándole que su esposa había dado a luz un oso. El rey se enfureció mucho y ordenó que la encerrasen en una mazmorra subterránea. Allí lo único que recibía era un poco de comida a través de un agujero, lo justo para que no muriese de hambre, y sin embargo, había dado a luz a un hermoso niño. El mismo jardinero de las veces anteriores volvió a encontrar la cesta con el niño que las hermanas habían arrojado al río. Se lo llevó a su esposa, y también se encargó de su cuidado.

Los tres niños vivían muy felices en aquella casa, y querían mucho a su padre y a su madre. Por su parte, el jardinero y su mujer estaban encantados con ellos, y los consideraban como un regalo del cielo; pero como eran muy viejos, murieron pronto.

Los dos jóvenes y su hermana se las arreglaban estupen-

---

(8) Es obvio que el narrador ha olvidado contar el abandono del bebé y su rescate a manos del jardinero, como puede deducirse de la continuación del relato.

damente juntos, pues se querían mucho. Los muchachos solían salir a cazar y a pescar, y les iba tan bien en estos menesteres que tenían incluso para dar algo a los pobres. Un día llegó a su casa una anciana pidiendo limosna, y le dijo a la niña:

«No podéis ser felices.»

«Sí, sí que lo somos», respondió.

«No, no, necesitáis tres cosas antes de poder ser felices: el árbol que canta, el pájaro que dice la verdad y el agua que rejuvenece.»

Al saber aquello, la hermanita se puso muy triste. Sus hermanos se dieron cuenta enseguida, y le preguntaron qué le pasaba, pero ella no quería decírselo. Insistieron, y al final les contó lo que le había anunciado la anciana. El hermano mayor cogió un caballo, decidido a partir inmediatamente a buscar las tres cosas, pero antes le entregó una manzana (9) a su hermana, y le dijo:

«Si esta manzana cambia de color, es que me hallo en apuros, y si se pudre es que estoy muerto.»

Y partió, y viajó muy, muy lejos. Se encontró con un monje que le advirtió que volviese sobre sus pasos, pues se cernían grandes peligros sobre él, pero el joven no se asustó y continuó su camino. Volvió a encontrarse con otro monje, que le anunció que jamás regresaría. El muchacho decidió confesarse y preparse para la muerte, tales eran los peligros que tendría que afrontar. El monje le explicó:

«Escucharás gritos terribles, y sentirás como si te tirasen de la ropa, pero tú no debes volver nunca la cabeza (10).»

Sin embargo nuestro amigo enseguida se asustó, miró para atrás y se convirtió en piedra.

Pasados unos días la manzana comenzó a estropearse, y el otro hermano dijo que tenía que salir en busca del mayor, pues algo debía ocurrirle. Cogió un caballo, un poco de dinero, y partió. Se encontró también con un monje, que

---

(9) Véase el pozo que hierve en «El pescador y sus tres hijos», y el anillo de «La bella y la bestia», en este mismo volumen.

(10) ¿Pudo haber elaborado Bunyan su descripción del «Valle de las Sombras de la Muerte» —al menos en parte— a partir de relatos como éste?

quiso hacerle volver, pero el chaval le contestó que no le importaba lo que pudiera pasarle. Más adelante se topó con otro monje, que le dijo:

«Vuelve sobre tus pasos. No podrás pasar. Oirás gritos y verás horrores y cosas terribles. Nunca conseguirás pasar.»

Pero el joven se dispuso a intentarlo. El monje le advirtió entonces que nunca volviese la cabeza para mirar; el chaval dejó su caballo y siguió a pie. Había caminado un corto trecho cuando empezó a oír gritos aterradores, y a ver cosas horribles, hasta que, al cabo de un rato, no pudo evitar mirar a un lado y se convirtió en piedra.

La manzana que también él había dejado a su hermana empezó a estropearse. ¡Imagínense el dolor de la pobre muchacha! Se dijo que tenía que vestirse como un hombre. Cerró la puerta de su casa y partió a lomos de un caballo. El mismo monje le aconsejó no seguir adelante, pero ella tenía aún más interés que sus hermanos, y continuó avanzando. Llegó hasta donde habitaba el último monje, que era un hombre muy santo. El anacoreta no se dio cuenta de que se trataba de una jovencita. Había pasado los últimos cien años en aquel mismo lugar, esperando a que alguien fuese capaz de llegar a la cima de la montaña, y esperaba que aquel intrépido joven pudiera hacerlo, así que le dio una botella para guardar el agua que devuelve la juventud, y le dijo:

«Echa una gota sobre cada una de las estatuas de piedra, y les devolverás la vida.»

La joven partió, y cuando se iniciaron los gritos horribles no se sintió asustada, aunque le decían toda clase de cosas terribles. Ella siguió adelante, corriendo sin parar, trepó a la cima de la montaña y se salvó. En ese mismo instante llegó a sus oídos el enternecedor canto de un árbol que trinaba como un pájaro, al tiempo que un auténtico pájaro, tras volar hasta posarse en su hombro, empezó a contarle cosas que le maravillaron. Pero nuestra joven amiga no perdió el tiempo: sacó la botella que llevaba, la llenó de agua y echó una gota sobre las rocas, ¡y ahí aparecieron otra vez sus hermanos! ¡Imagináos su alegría! Cogieron los caballos (que también se habían convertido en piedra) y regresaron a casa con su árbol, el pájaro y el agua. A partir de entonces vivieron muy felices. Los hermanos salían a cazar todos los días, y a veces se encontraban con el rey. Un día les invitó a cenar con él. «Debemos pedirle permiso a nuestra hermana», le dijeron. Cuando volvieron a casa, y se lo contaron a su hermanita, el pájaro respondió inmediatamente:

«Decidle que iréis a condición de que él os devuelva la visita aquí mañana.»

El rey aceptó su propuesta, pero la hermana no parecía muy contenta, pues no sabía cómo se debía recibir a un rey. Entonces el pájaro le dijo:

«Pon sobre la mesa un mantel fino y tres platos, uno con lentejas, otro con guisantes secos y otro con un guiso de judías.»

Al día siguiente llegó el rey acompañado de sus dos hermanos. Se quedaron maravillados al escuchar el hermoso canto del árbol. Nunca habían oído nada tan bonito.

«¿No es algo raro recibir a un rey de este modo?», preguntó el monarca, sorprendido al ver los tres platos en la mesa. Entonces el pájaro saltó de su jaula y dijo:

«¿No es más raro tomar a esta joven *por un gato*?», y señalando a su hermano mayor, «por ventura este joven *es un perro*? ¿No es eso más sorprendente?»

El rey estaba totalmente confundido, y el pájaro, señalando al hermano pequeño, le preguntó:

«*¿Es este un oso* acaso?»

El rey no sabía qué contestar, y el pájaro siguió hablando:

«¿Acaso no es vergonzoso abandonar a la esposa y obligarla a vivir dieciocho años en una mazmorra bajo tierra?»

Entonces el rey fue presa del pánico. Inmediatamente se marchó corriendo con sus hijos y su hija a liberar a su mujer, y no se olvidaron de coger el agua maravillosa. Con ella lavaron a la reina, que volvió a ser como cuando tenía dieciocho años. ¡Imagínense la alegría del rey y de sus hijos! A las hermanas de la reina las condenó a ser quemadas vivas en la plaza del pueblo, cubiertas con camisas de azufre.

CATHERINE ELIZONDO

Hemos recogido también la versión más común de este relato: los protagonistas son igualmente un viejo rey y sus tres hijos. El monarca lee algo sobre el agua prodigiosa, y envía sucesivamente a sus tres hijos a buscarla. Los dos primeros fracasan en su misión, y se quedan en una ciudad a emborracharse y divertirse. El más pequeño se encuentra a una anciana que le explica cómo encantar a todas las bestias del bosque que debe atravesar, y cómo conseguir el agua, pero le advierte que no debe coger nada más. Sin embargo el joven roba también el pájaro y el caballo mágico, y cuando regresa al bosque se encuentra con que todas las bestias se han despertado del encantamiento. Aparece nuevamente la anciana, le da una varita mágica y así consigue atravesarlo. La anciana le recomienda que no vaya en busca de sus hermanos, pero él no le hace caso. Los encuentra, y éstos le roban el agua, el caballo y el pájaro y lo arrojan a un pozo, pero no consiguen que el agua les haga efecto alguno. Nuevamente aparece la anciana que envía a un zorro para ayudar a nuestro héroe a salir del pozo. Llega a su casa, el caballo relincha, el pájaro canta, nuestro amigo le entrega el agua a su padre, el cual, de tener cien años, se convierte en un joven de veinte.

E. HIRIGARAY

EL MIRLO BLANCO

Erase una vez un rey que tenía tres hijos. El pobre hombre era ciego, y un día escuchó que había otro monarca que tenía un mirlo blanco que devolvía la vista a los ciegos. Cuando su hijo mayor se enteró de la noticia, le dijo a su padre que iría a buscar el mirlo lo más rápido posible.

«Prefiero seguir siendo ciego que separarme de tí, mi niño», le dijo el rey.

«No temas por mí, padre. Con un caballo cargado de dinero encontraré a ese pájaro y te lo traeré.»

Y partió, y viajó muy, muy lejos. Una noche se detuvo en una posada en la que había tres hermosas jóvenes, que le invitaron a jugar a las cartas con ellas. El muchacho no quería, pero tras muchos ruegos aceptó, y empezaron a jugar. Cuando acabaron, el joven había perdido todo su dinero y su caballo, y además había contraído una deuda enorme. Era costumbre en aquel país que la persona que no pagase sus deudas fuera encerrada en prisión, y si pasado un tiempo seguía sin pagar, lo mataban y dejaban su cadáver tirado junto a la puerta de la iglesia hasta que llegase alguien que las pagase (11). Así que encerraron a nuestro amigo en prisión.

El segundo hijo del rey, al ver que su hermano no regresaba, le dijo a su padre que quería salir en busca del pájaro, para lo cual también le pidió un caballo cargado de dinero. Partió, y como tenía que ocurrir, llegó a la misma posada en que se había detenido su hermano. Tras la cena las tres jóvenes le dijeron:

«Debes jugar a las cartas con nosotras.»

El muchacho rechazó su propuesta, pero lo engatusaron de tal manera con sus caricias que acabó aceptando. También perdió todo su dinero, el caballo, y contrajo además una gran deuda. Lo encerraron en prisión como a su hermano.

Pasado un tiempo, el rey y su hijo pequeño comprendieron que alguna desgracia les había ocurrido a los otros, y el muchacho pidió permiso para partir.

«Te aseguro que haré lo que pueda», le dijo a su padre. «No te preocupes por mí.»

Su pobre padre le dejó partir, aunque no de buena gana. Siguió diciéndole que prefería permanecer siempre ciego a separarse de sus hijos; sin embargo terminó por proporcionarle un bonito caballo y todo el oro que podía cargar. Incluso le entregó su corona. El muchacho se puso en camino y viajó muy, muy lejos. Una noche se detuvo en

(11) Véase más arriba «Ezkabi Fidel» y «Juan Dekos». Existe cierta similitud entre este relato y «Mac Ian Direach», en Campbell, op. cit., Vol. II, pág. 328. Compáreselo también con «La princesa griega y el joven jardinero», relato de las «Fireside Stories of Ireland», de Kennedy. De éste relato solamente conocemos la traducción francesa que aparece en el libro de Brueyre, pág. 145. (Existe una traducción al castellano en «Cuentos Celtas», recopilados por Joseph Jacobs, y editados por Miraguano Ediciones. N. del E) «Le Mirle Blanc» es uno de los cuentos franceses más conocidos.

la misma posada que sus hermanos, y después de cenar se le acercaron las tres jóvenes.

«Aquí es costumbre que todo el que llegue juegue a las cartas», le dijeron.

El muchacho respondió que aquello no era para él, y que no jugaría. Las damas le rogaron y suplicaron, pero de nada les sirvió. A la mañana siguiente, nuestro amigo se levantó temprano, cogió su caballo y se marchó. Vio entonces que llevaban a dos hombres al cadalso para ser ejecutados. «¿Qué han hecho?», preguntó, y reconoció a sus dos hermanos. «No han pagado sus deudas cuando les correspondía, y ahora deben morir.» Nuestro joven amigo pagó las deudas y siguió adelante. Al pasar junto a la iglesia observó cómo dejaban tirado un cadáver en el suelo, frente a la puerta. «¿Qué es eso?», preguntó. «Es un hombre que ha dejado deudas al morir. Hasta que alguien las pague se quedará allí.» Una vez más el joven pagó las deudas.

Llegó por fin al palacio donde vivía el dueño del mágico mirlo.

«¿Tenéis aquí un mirlo blanco que devuelve la vista?»

«Sí», le dijeron.

«Mi padre es ciego, y he emprendido este largo viaje para llevarle el mirlo.»

«Te entregaré el pájaro cuando me traigas a la joven que vive en el palacio de cierto rey», le dijo el dueño del mirlo blanco.

Así que nuestro hombre volvió a ponerse en camino. Cuando se acercaba ya a su destino, un zorro (12) se le plantó delante y le preguntó:

«¿A dónde vas, amigo?»

«Busco a una joven que vive en el palacio del rey.»

«Yo cuidaré de tu caballo», le dijo el zorro. «Tu dirígete a cierta habitación, que allí encontrarás a la joven. No la reconocerás porque lleva puesto un vestido muy viejo, pero en esa misma habitación hay otros muy bonitos. Haz que

---

(12) Véase «Juan Dekos» en lo tocante al pago de deudas y al zorro. En la versión gaélica el zorro se llama «An Gille Mairtean» (Campbell, op. cit., Vol. II, pág. 329 y siguientes).

se ponga uno de esos. En cuanto lo haga, empezará a cantar y despertará a toda la casa.»

Nuestro amigo siguió las indicaciones del zorro, encontró a la joven y le hizo ponerse un hermoso vestido. Nada más hacerlo, la muchacha se puso a cantar villancicos. Al momento toda la casa habíase ya precipitado en la habitación. El rey estaba hecho una furia, y ya había ordenado encerrar a aquel intruso cuando nuestro amigo le mostró la corona y le explicó que un rey le había enviado a llevarse a la joven, y que a cambio le entregaría el mirlo blanco que le devolvería la vista a su pobre padre.

«Si quieres a esta joven», le dijo el rey, «debes ir a la casa de cierto rey y traerme de allí un hermoso caballo blanco.»

Una vez más nuestro amigo se puso en camino, y cuando se acercaba a la casa real volvió a salirle al paso el zorro:

«El caballo que buscas está en tal sitio», le dijo el animal «pero tiene una silla de montar muy mala. Se la quitarás y le pondrás otra que está colgada allí mismo, muy bonita y lustrosa. En cuanto lo hagas, el animal empezará a relinchar sin parar (13). Llegarán entonces todos los hombres del rey a ver lo que ocurre, pero tú, exhibiendo tu corona, podrás salir siempre del paso.»

El muchacho se dirigió al lugar que el zorro le había indicado, y encontró al caballo. Lo ensilló con la montura buena y el animal empezó a relinchar sin cesar. Llegaron los hombres del rey, y se disponían ya a encerrarle cuando nuestro amigo les mostró la corona y les contó que tal rey le había enviado a coger aquel caballo para cambiárselo por la muchacha. Le dieron el caballo y se marchó.

Llegó al palacio donde vivía la joven, y mostró orgulloso el caballo con su hermosa montura.

«¿No os gustaría ver a vuestra joven dama dar unas vueltas por el patio a lomos de este bonito caballo?», le preguntó al rey.

«De acuerdo», dijo.

---

(13) Véase el robo del potro bayo en «Mac Iain Direach», de Campbell, op. cit., Vol. II, pág. 334.

La joven se puso su mejor vestido y montó al caballo, pero entonces nuestro amigo tocó al animal con su varita y éste salió disparado de allí. El joven corrió tras ellos y juntos llegaron a la casa del rey que tenía al mirlo blanco.

«¿Dónde está el pájaro?», preguntaron, y entonces el mirlo voló hasta posarse en las rodillas de la joven, que todavía estaba montada en el caballo blanco. El joven le dio otro toque con su varita y de nuevo el animal salió disparado, llevándose a la joven y al pájaro. Nuestro amigo huyó con ellos, y juntos viajaron durante mucho, mucho tiempo.

Mientras tanto, los dos hermanos habían vuelto a casa y contado a su padre un montón de mentiras: que les habían atacado unos ladrones y les habían robado todo el dinero, y cosas así. Cuando se enteraron de que su hermano se acercaba con el mirlo blanco, se reunieron y planearon impedirle llegar a la casa y quitarle además el mirlo.

Esperaron y esperaron, hasta que un día le vieron aproximándose a la casa, entonces, por sorpresa, le cogieron y lo arrojaron a una cisterna (14) junto con la joven. Dejaron al caballo fuera y se quedaron con el mirlo. Al poco rato llegó el zorro a la boca de la cisterna y les dijo a nuestros amigos:

«Voy a saltar ahí. Agarráos de mi cola uno por uno y os sacaré.»

En cuanto los dos hermanos malvados llegaron a su casa, el mirlo se escapó y regresó donde estaba el caballo blanco. ¡Imagínense la alegría del hermano pequeño cuando al salir del pozo vio que nada les faltaba! Se dirigieron todos a ver al rey, y nada más entrar en el palacio la joven empezó a cantar, y también el pájaro, y el caballo se puso a relinchar. El mirlo voló él solito a las rodillas del rey, y allí, con su hermoso canto, le devolvió la vista. El muchacho le contó a su padre cuantas desventuras le habían ocurrido antes de encontrar aquellos tres seres extraordinarios, y cómo había salvado de la muerte a dos hombres condenados por sus deudas, que habían resultado ser sus hermanos, y cómo tam-

(14) En el País Vasco son muy comunes las enormes cisternas semienterrradas en el suelo que se utilizan para recoger el agua de lluvia.

bién había pagado las deudas de un muerto, cuya alma (que era el zorro) le había rescatado del pozo al que le habían arrojado sus hermanos.

¡Imagínense la alegría del rey, y al tiempo su tristeza, al ver lo sabiamente que se había conducido su hijo pequeño y lo malvados que resultaron sus hijos mayores! Y como se la había ganado, nuestro amigo se casó con la hermosa joven, y vivieron felices y alegres. El rey mandó a los dos hermanos a hacer penitencia en el desierto. Y si hubiesen vivido bien, habrían muerto así también.

LA HERMANA Y SUS SIETE HERMANOS

Erase una vez un hombre y una mujer muy pobres, que además tenían muchos hijos: concretamente siete chicos. Estos, cuando crecieron un poco, le dijeron a su madre que lo mejor que podían hacer era salir a buscarse el sustento, que sería mejor para todos. La madre les dejó partir con gran dolor de su corazón. Cuando se hubieron ido, la mujer dio a luz a una niña, y unos años después, la chiquita fue un día a jugar a casa de unos vecinos, donde tras hacer alguna trastada, el dueño de la casa le dijo:

«¡También tú vas a ser una buena pieza, igual que tus hermanos (15)!»

La niña volvió a casa y le preguntó a su madre:

«Madre, ¿tengo yo hermanos?»

«Sí.»

«¿Y dónde están?»

«Se marcharon Dios sabe dónde.»

«Entonces yo también tengo que irme», le dijo la muchacha. «Dame una pieza de tela de la que pueda sacar siete camisas.»

Y la chica partió inmediatamente. Su madre se sintió muy triste, pues la única hija que le quedaba también había querido marcharse.

---

(15) Véase «Basa-Jauna».

La muchacha viajó muy, muy lejos. Al llegar a un pueblo preguntó: «¿Conocéis a siete hermanos que trabajan juntos?»

«No», le respondieron. Siguió adelante y al pie de una montaña volvió a preguntar por ellos. «Sí», le dijeron. «Viven en aquella casa.» Allí se dirigió, y al llegar se encontró con que todas las labores domésticas estaban por hacer, y que no había nadie en la casa. Así que la joven hizo las camas y lo limpió y ordenó todo. Después preparó la comida y se escondió en un armario. Llegaron a casa sus hermanos y pueden ustedes imaginar su sorpresa al ver que todo estaba limpio y la comida hecha. Empezaron a mirar por toda la casa para ver si había alguien, pero no se les ocurrió mirar en el armario y marcharon al campo a reanudar su trabajo, sin descubrir a su benefactora. Por la tarde la muchacha terminó el resto de las labores, preparó la cena, y antes de que volviesen, se ocultó otra vez. Sus hermanos regresaron, quedáronse atónitos al ver aquello, y volvieron a registrar la casa pero tampoco encontraron nada.

Se fueron a dormir, y la muchacha decidió aprovechar el momento para coser y cosió una camisa entera, que luego le puso al mayor de sus hermanos. De igual forma confeccionó una camisa cada noche para cada uno de sus hermanos. Los muchachos no podían entender lo que ocurría. «Hoy no dormiremos», decían todas las noches, pero en cuanto caían en la cama se les cerraban los ojos. Cuando le llegó el turno de recibir su camisa al más joven, éste dijo: «no me dormiré, os lo aseguro.» Estaba ya tumbado en la cama cuando la muchacha se acercó con la camisa, y pensando que dormía le dijo:

«Por fin ha llegado tu turno, mi querido hermanito», y empezó a ponerle la camisa.

«Entonces, ¿tú eres mi hermana?», preguntó el muchacho, y la besó muy contento. Ella le contó cómo había oído decir que tenía hermanos, y cómo desde ese momento, había deseado ir con ellos para ayudarles. Los demás hermanos se despertaron y todos lo festejaron muy alegremente.

Los muchachos sólo le prohibieron a su hermana ir a la casa de su vecino, pasase lo que pasase. Pero un día, sin pensárselo dos veces, la muchacha, que estaba un poco retrasada con sus tareas, se fue corriendo a pedir a sus vecinos un poco de fuego (16) para preparar la cena más rápido. La recibieron muy bien, y la mujer de la casa le ofreció llevarse cuanto quisiese; «me basta con un poco de fuego», dijo la muchacha. Pero la mujer, que era una bruja, le entregó además un paquetito con hierbas. «Echalas en el agua que usan para lavarse los pies», le dijo. «Alivian mucho la fatiga (17).»

Cada noche los siete hermanos se lavaban los pies, todos a la vez, en una enorme palangana. La chica puso las hierbas en ella, y en cuanto los jóvenes metieron los pies se convirtieron en seis vacas, y el séptimo en una vaca bretona (18) ¡Imagínense los problemas que desde entonces tuvo la infeliz muchacha! Las pobres vacas solían darle besos todo el tiempo, pero a ella la que más le agradaba era la bretona. Todos los días las llevaba al campo y se quedaba con ellas para guardarlas mientras pastaban.

Un día, cuando estaba allí con las vacas, acertó a pasar el hijo del rey, y se sorprendió mucho de ver a una joven tan bella en aquel lugar. Se dirigió al lugar donde se sentaba, y le dijo que quería casarse con ella. «Eso no puede ser», replicó la joven. «Soy muy pobre.» «Nada, nada», le contestó el rey. «Eso no importa en absoluto.»

La muchacha, entonces, puso como condición para convertirse en su esposa que nunca se debería hacer daño a aquellas vacas, y en especial a la pequeñita bretona (19). El rey le dio su palabra, y se casaron.

---

(16) Una brasa, o un pedazo de madera ardiendo. Esta es una práctica habitual en todo el Sur de Francia. Si a alguien se le apaga el fuego, va corriendo a pedirle un poco al vecino.

(17) Véase la nota de «Basa-Jauna».

(18) Véase «Old Deccan Days» («Truth's Triumph»), págs 57-58. La muchachita es el rosal que está entre los mangos, que son sus hermanos. Las vacas del País Vasco suelen ser muy pacíficas, tanto que a menudo las toman como mascotas y las miman, en especial a las pequeñas bretonas blancas y negras. Hemos visto a un campesino llorar amargamente por la muerte de su vaca favorita.

(19) Las hermana pone la misma condición en «Truth's Triumph» («El Triunfo de la Verdad»): «Dejarás que me lleve conmigo a estos cuervos (sus hermanos), ¿verdad? Porque les quiero mucho, y no podré acompañarte a menos que ellos vengan también.» «Old Deccan Days», pág. 59.

La princesa se llevó a las vacas consigo, y siempre las trataron bien. Con el tiempo la joven se quedó embarazada, y dio a luz mientras el rey estaba ausente. Llegó entonces la bruja, sacó a la princesa de la cama y la arrojó por un precipicio que había por allí; luego se metió ella misma en la cama de la princesa. Cuando el rey volvió a casa sólo pensó que su esposa estaba muy cambiada. «Ni siquiera te había reconocido», le dijo. «Son los dolores los que me han puesto así», le engañó la bruja, «y para curarme rápidamente es necesario que matemos a la vaca bretona.»

«¡¿Cómo?! ¿No me hiciste prometer que nunca la haríamos daño? ¡¿Cómo me pides esto ahora?!»

La bruja consideraba a aquella vaca como su peor enemigo, así que le insistió al rey una y otra vez, hasta que éste mandó a un criado que las reuniera a todas en el patio. El sirviente se las encontró a las siete mugiendo junto al precipicio. Intentó conducirlas a la casa, pero no había forma de hacerlo; entonces escuchó una voz:

«No lo siento tanto por mí, sino por mi hijo, y por mi marido, y por mis queridas vacas. ¿Quién cuidará de ellos ahora?» Como el criado no conseguía mover a las vacas, se fue a contarle al rey lo que estaba pasando. El monarca corrió al precipicio, y escuchó aquella voz. Rápidamente dejó caer una cuerda muy larga, esperó un tiempo, tiró hacia arriba y allí apareció la princesa. ¡Imagínense su alegría! Ella le contó cuanto había hecho la bruja, tras lo cual el rey volvió a su dormitorio y dijo:

«Ahora ya conozco todas tus vilezas. Si no conviertes a estas vacas en hombres como antes eran, te haré quemar en un horno al rojo vivo.»

La bruja les liberó del hechizo, pero a pesar de ello el monarca la hizo quemar en un horno al rojo vivo, y esparció sus cenizas por los aires. El rey vivió feliz con su esposa, y los siete hermanos se casaron con otras tantas damas de la corte, mandaron a buscar a su madre y vivieron todos juntos y felices.

LOUISE LANUSSE

Tenemos una versión en vasco del «Abenan» de Madame d'Aulnoy. Parece tratarse de una mezcla de varias leyendas ensambladas por esta ingeniosa escritora, pero no pensamos que valga la pena el esfuerzo de desenredar la maraña. El hermoso cuentecito «Las rosas marchitas» lo escuchamos de dos fuentes muy distintas: una mujer de setenta y ochenta años, que lo aprendió siendo niña de labios de una vieja criada, a quien recuerda claramente haberle escuchado que, a su vez, lo aprendió de su madre. Por tanto el cuento en vasco debe tener, como mínimo, una antigüedad de más de un siglo.

Tenemos también dos versiones de «Tom Pulgar». En una de ellas recibe el nombre de «Ukhailtcho», o el de «Baratchuri»: «diente de ajo (20)»; en la otra se le llama «Mundua-mila-pes». Ambas contienen el episodio en el que un buey se traga al protagonista. Hemos recogido además una larga leyenda «Rabelaisiana (*)», que comienza igual que «Le Coffret de la Princesse», *cuento de Cenac-Moncaut, en su* «Litérature Populaire de la Gascogne» *(París, 1868). Un rey entregará su hija a quien sea capaz de adivinar de qué animal procede cierta piel. El diablo lo adivina, y se casa con la muchacha, que es salvada por la «yegua blanca» que aparece en tantos de estos relatos. Después la muchacha se viste como un hombre, y a pesar de ello un príncipe se enamora de ella. Siguen un montón de episodios, que son la inversa de la aventura de Aquiles en Scyros. Los jóvenes se casan, pero al cabo de unos años el diablo-marido reaparece. Tras diversas aventuras, la «yegua blanca» les ayuda y los reúne, deja al diablo ciego para siempre y después vuela al cielo en forma de paloma blanca: los demás viven felices para siempre. Esta leyenda procede de «Laurentina, hermana de Toutou», y quizá esté mezclada con leyendas de Cascarrot. La presentamos como tomada del francés, en parte porque la heroína se llama Fifine y porque, junto con «El Tártaro» y «Petit Perroquet» son los dos únicos cuentos de nuestra colección en los que la palabra «príncipe» se utiliza en vasco en lugar de «hijo del rey». Véase Campbell, op. cit., «Highland Tales».*

(*) Relatos humorísticos o satíricos escritos al estilo de los de Rabelais (N.T.).

(20) Esta versión le fue relatada a M. Vinson, que la publicó en la «*Revue de Linguistique*», pág 241. (Enero 1876). Hemos oído hablar después de una versión más larga que se preserva en Rentería, Guipúzcoa.

Lista de las primeras publicaciones de Leyendas extranjeras en Francia

Debemos las siguientes notas a la gentileza de M.H. Vinson, juez de la Réole, Gironde. Quizá resulten de alguna ayuda a los lectores que intenten averiguar el período de tiempo que necesitan las traducciones de leyendas exóticas para convertirse en tradiciones populares entre un pueblo que conozca la lengua de la traducción únicamente por «contacto social».

Primeras Ediciones de la Primera Traducción al Francés de las «Mille et une Nuits» («Las mil y una noches»)

«Les Mille et une Nuits. Contes Arabes», trad. por Galland. París, 12 vols. en duodécimo, 1704-1717

«Les Mille et une Nuits. Contes Arabes», trad. par Galland. París, 6 vols. en duocécimo, 1774

«Les Mille et une Nuits», Revisados y Corregidos por M. Caussin de Percival. París, Lenormant, 9 vols. en octavo, 1806

Primera traducción de «Bidpai et Loqman»

«Contes et Fables Indiennes de Bidpai et de Loqman», trad. (posth.) par Ante Galland. París, 2 vols en duodécimo, 1724

«Contes et Fables Indiennes», traducido a partir de la Versión Turca de Ali-Tchelebet-ben-Salet, por Galland, terminado y publicado por D. Gardonne. París, 3 vols. en duodécimo, 1778

«Fables de Loqman», Edición Arabe, acompañada de una traducción al francés: (por M. Mariel) en El Cairo, imprenta «Nation», en octavo (21), 1799

---

(21) A éstos quizá debieran añadírseles las versiones latinas de los Dolopathos y «*Gesta Romanorum*» de los siglos XII o XIII.

Cuentos de Grimm

«Contes de la Famille», por los Hermanos Grimm, traducido del alemán, por M. Martin y Pitre-Chevalier. París, Renouard, duodécimo, 1846
«Edition Originale, Kinder und Hausmärchen». Berlín, 2 vols, en dieciseisavo, 1812-1814

Las más antiguas colecciones de Cuentos en Francés

«Les Cent Nouvelles Nouvelles». París, Ant. Verard, en folio gótico. 1486
«Le Parangon de Nouvelles Honnestes». Lyon, en octavo. 1531
«Les Nouvelles Rècreations de Bonaventure des Periers». Lyon, en cuarto. 1558
«L'Heptameron de Margaret de Valois». París, en octavo. 1559
«Baliverneires ou Contes Nouveaux d'Entrapel», publ. por Noel Du Fail. París, en dieciseisavo. 1548
«Les Serées de Guillaume Bochet». Poitiers, en cuarto. 1584 París, 3 vols., en duocécimo. 1608
«Nouvelles Choisies», por Ch. Sorel. París, 2 vols., en octavo. 1645
«Contes des Fées», por Madame d'Aulnoy. 1630-1705
«Contes des Fées», por Ch. Perraul. 1697

VII. CUENTOS RELIGIOSOS

Presentamos estos cuentos simplemente como ejemplos de una literatura que en los tiempos medievales igualaba en popularidad e interés a todas las demás formas literarias juntas. El prefacio de Charles Kingsley a «Los ermitaños» demuestra de forma palmaria que esta literatura no carece de atractivos, incluso para aquellas mentes que en algunos aspectos parecen decididamente opuestas a su influencia. Estos relatos poseen además un valor especial para todos los interesados en el estudio del modo en que, en determinada etapa de su desarrollo intelectual, la mente humana parece abrazar la verdad religiosa, o, cuando menos, el aspecto de ésta más susceptible a sus impresiones vitales. Es fácil reírse de estas leyendas y apartarlas a un lado con desprecio, como irreverentes o como meras supersticiones, pero su existencia misma tiene un valor histórico que ningún historiador de la iglesia debería ignorar. Su grosería y rudeza ocultan en gran medida la auténtica ternura y sentimientos religiosos que encierran. Pero fueron sin duda para aquellos que las escucharon por vez primera, y para los que todavía hoy las narran, tan instructivas, beneficiosas, purificadoras y nobles como lo son los más pulidos y refinados relatos religiosos de hoy día para los jóvenes de nuestra generación.

CATORCE (1)

Erase una vez una madre y su hijo como tantos otros en el mundo. El chico era tan fuerte como catorce hombre juntos, pero también tenía que alimentarse como catorce. Un día le dijo a su madre que lo mejor que podía hacer era marcharse a buscar fortuna; que ya no podía aguantar más así, que le daba mucha pena ver lo mucho que le costaba a ella alimentarle.

La madre le dejó partir con mucha pena. El chico viajó muy, muy lejos, y llegó a una casa muy grande. Preguntó si deseaban un sirviente, y le contestaron que hablarían con el señor. Al cabo de un rato, el señor mismo fue a la puerta y le dijo:

«Normalmente sólo acepto trabajadores con experiencia, pero a pesar de ello te emplearé.»

«Debo advertirle», añadió el muchacho, «que como lo que comen catorce hombres, pero también trabajo lo que todos ellos juntos.»

«¿Qué sabes hacer?», le preguntó el dueño de la casa.

«Sé un poco de todo.»

Al día siguiente, el señor le llevó a un campo y le dijo:

«Tienes que segar todo este prado.»

«De acuerdo», respondió el muchacho.

El amo se marchó. A las ocho en punto se presentó una criada con el desayuno. Traía una cesta llena de provisiones: seis hogazas de pan, medio jamón y seis botellas de vino. Nuestro joven amigo se sintió encantado mientras la criada se quedaba de piedra al ver todo aquel prado segado, y corrió a contárselo al señor. También el pareció en-

---

(1) Sospechamos que este es un viejo relato de «Tártaros» adosado a una leyenda de Cristóbal (San Cristóbal, mártir cristiano de Asia Menor, patrón de los viajeros. N.T.), a menos que ésta sea de hecho la peculiaridad misma y significado de esta leyenda: el reclutamiento de los viejos dioses al servicio de Cristo, incluyendo a los más humanos de ellos. La última parte del relato es muy conocida. F. Caballero la presenta en castellano, y Cenac-Moncaut, «*Le Sac de la Ramée*», en su «*Littérature Populaire de la Gascogne*». Existen rasgos similares en el «Relato del soldado», en Campbell, op. cit., Vol II, pág. 276.

cantado de tener en su servicio a un hombre tan valioso, y le mandó a segar otro prado. Antes del mediodía nuestro amigo había acabado; poco después llegó la criada con la comida: siete hogazas de pan, siete botellas de vino y otro medio jamón. El muchacho acabó enseguida con todo. Entonces el señor le envió a segar todavía otro prado más. Antes de que cayese la noche, el joven ya había terminado. Nuestro amo estaba entusiasmado, y le sirvió cuanta comida quiso.

Todo fue muy bien mientras duró el trabajo, pero después el señor se dio cuenta de que toda la cosecha servía solamente para dar de comer a aquel sirviente. El hombre no sabía cómo quitárselo de encima, y le mandó a un bosque en el que vivían bestias terribles. «Traéme leña de allí», le ordenó.

En cuanto llegó, le atacó un oso, pero nuestro amigo lo agarró por los agujeros de la nariz, lo arrojó al suelo, y allí le retorció el cuello. Apenas había reanudado su tarea, arrancando árboles jóvenes, cuando le atacó un lobo. Lo agarró como al oso, lo echó al suelo y también le retorció el pescuezo.

Por la noche volvió a la casa. ¡Imaginen la sorpresa de su amo al verle! Le dio una buena cena, pero no estaba contento, porque, además, el muchacho había arrancado todos los nuevos brotes del bosque. Por la noche se devanó los sesos pensando la forma de deshacerse de él, y al fin resolvió enviarle a otro bosque aún más terrible, con la esperanza de que alguna bestia lo devorase. Allí fue nuestro amigo, y mientras arrancaba árboles enormes le atacó un león. La fiera no le duró ni un instante. Después le asaltó otro animal terrible, y sucedió lo mismo.

Así, cuando regresaba a casa al atardecer, se preguntó: «¿Por qué me manda el amo al bosque? Quizá se ha cansado de mí.» Y decidió decirle que abandonaría la casa. Al llegar el amo le recibió bien, aunque era incapaz de entender cómo había vuelto. Sin embargo le ofreció una buena cena, a cuyo término nuestro amigo le dijo:

«Es mejor que me marche a otra parte. Aquí ya no hay trabajo para mí.»

Imagínense la alegría del señor. Le entregó su paga al

momento, y el chico se marchó. Viajó muy, muy lejos, pero el dinero se le acabó enseguida y ya no sabía qué podría ser de él. Vio entonces a dos hombres sentados a la orilla de un río y se acercó a ellos. «¿Nos cruzarás a los dos a la otra orilla?», le preguntó uno. Nuestro amigo asintió y se los subió a los dos a la espalda; y resultó que estos hombres eran Nuestro Señor y San Pedro. Cuando estaban en medio de la corriente, Nuestro Señor le dijo al muchacho:

«Peso mucho.»

«Si no te callas, te tiro al agua, que bastante tengo ya que hacer», le respondió nuestro amigo.

Cuando llegaron al otro lado, Nuestro Señor le dijo:

«¿Qué debo darte como recompensa?»

«Lo que tú quieras. Lo único que te pido es que me lo des rápido, porque tengo mucha hambre.»

Nuestro Señor le entregó un saco, y le dijo:

«Cualquier cosa que desees aparecerá en este saco.»

Nuestro amigo siguió su camino, y mucho, mucho más adelante llegó a un pueblo; al pasar ante una panadería le embriagó el aroma de unas buenas hogazas de pan, y dijo: «Metéos en mi saco» y el saco se llenó de pan. Se marchó al bosque, y al cabo de un rato volvió al pueblo, y pasó junto a una carnicería. Había allí morcillas, salchichas y jamones y otras muchas cosas deliciosas. «A mi saco», dijo el muchacho, y no había acabado de decirlo cuando el saco se llenó. Se marchó a vaciarlo como antes, y otra vez regresó al pueblo. Frente a una posada ordenó «metéos en mi saco» a todas las botellas de buen vino y licores de su bodega. Después regresó a su rincón del bosque, donde ya tenía provisiones para varias jornadas.

Un día que salió a pasear después de haber llenado la panza, vio a unas jóvenes que lloraban.

«¿Qué os pasa?,» les preguntó.

«Nuestro padre está muy enfermo.»

«¿Puedo ir a verle?»

«Sí.»

Allí fue, pues, y el pobre enfermo le contó cómo había vendido su alma al diablo, y que éste le esperaba aquel mismo día, por lo que estaba muy asustado. Nuestro Catorce le preguntó si podía ocultarse en una esquina de la cama, para poder ver al diablo. «De acuerdo», accedió el enfermo, y se escondió con su saco. Un momento después apareció el diablo, y nuestro joven dijo:

«Métete en mi saco», y nada más decirlo, ahí fue el diablo. ¡Imaginen la alegría de nuestro amigo! Se fue entonces a buscar a unos rompedores de piedras y les dijo:

«¡Golpead fuerte! El diablo está en este saco.»

«¡Ay! ¡Ay! ¡Ay!», gritaba el diablo. «¡Dejadme salir! ¡Dejadme salir! ¡ay! ¡ay! ¡ay!»

«Tienes que traerme un papel, firmado por todos los diablos del infierno, que asegure que no tenéis derechos sobre este hombre.»

El diablo accedió, y le dejaron irse. Un momento después regresó con el documento, pero nuestro amigo le metió otra vez en el saco y pidió a los rompe-piedras que lo sacudiesen un poco más mientras él llevaba el papel al enfermo. ¡Imaginen la alegría de aquella casa!

Nuestro amigo siguió caminando, y caminando, hasta que se cansó de este mundo, y se dijo: «Me gustaría ir al cielo.» Siguió adelante, pero llegó al infierno. En cuanto los diablos vieron que era Catorce el que se acercaba, cerraron todas las puertas. El siguió adelante, muy, muy lejos, y llegó al cielo. También allí le cerraron las puertas, pero ¿qué hizo entonces nuestro amigo? Pues metió el saco a través del ojo de la cerradura y se dijo a sí mismo: «¡Al saco!», y un momento después se encontró dentro, y todavía está allí, detrás de la puerta. Así, cuando vayáis al cielo, mirad bien que allí podréis verle.

CATHERINE ELIZONDO

Añadimos ahora otra popular versión de este cuento, recogida por M. Vinson de M. Larralde de Lesaca, de St. Pée-sur-Nivelle:

JESUCRISTO Y EL VIEJO SOLDADO

En una ocasión Jesucristo viajaba con sus discípulos a Jerusalén y se encontró con un anciano al que pidió limosna. El anciano le dijo:

«Soy un viejo soldado y me han despedido del ejército entregándome solamente dos monedas, porque ya no valía para el servicio. Ya he dado una de ellas, sólo me queda la otra, pero te la doy.»

Entonces Nuestro Señor le preguntó:

«¿Qué preferirías, un saco de oro o el paraíso?»

«Responde que el paraíso», le dijo San Pedro.

«¡¿Qué?! ¡¿El paraíso?!», exclamó el viejo soldado. «El paraíso lo tendremos también después. Ahora prefiero un saco de oro.»

Y Nuestro Señor le entregó un saco de oro, y le dijo:

«Cuando este saco esté vacío, te bastará con decir "*Artchila murtchila.* ¡Entra en mi saco!", y todo cuanto desees estará ahí dentro.»

Nuestro soldado cogió el saco y siguió su camino. Un poco más adelante pasó ante la puerta de una posada, y vio una hermosa pierna de cordero sobre una mesa. Tenía hambre, así que, abriendo el saco, dijo:

«¡*Artchila murtchila!* ¡Hermosa pierna de cordero, entra en mi saco!», y al instante, ahí apareció. De esta forma fue consiguiendo cuanto quería.

Un día el diablo se apareció para tentar a este anciano, pero en cuanto el soldado le oyó, dijo:

«¡*Artchila murtchila!* ¡Entra en mi saco!», y el diablo mismo se quedó encerrado en el saco. El anciano lo llevó a un herrero, que durante un buen rato le estuvo atizando con su almádena.

Cuando el viejo soldado murió, fue al paraíso, y al llegar se le apareció San Pedro que le dijo:

«¿Qué haces ahí parado? ¿Qué es lo que pides?»

«El paraíso», contestó el soldado.

«¡¿Qué?! ¡¿El paraíso?! ¿No preferiste el saco de oro cuando Nuestro Señor te dio la oportunidad de elegir? Lárgate de aquí. Vete al infierno. Allí están sus puertas.»

Nuestro anciano, con la más profunda de las tristezas se fue a la puerta del infierno y llamó, pero nada más abrirle, el diablo le reconoció y empezó a gritar:

«¡No le dejéis entrar! ¡No le dejéis entrar! Nos traerá muchos problemas y muchas desgracias. ¡Es un tipo tan depravado!»

Así que no le dejaron entrar, y regresó al paraíso, y Dios le ordenó a San Pedro permitirle la entrada a aquel hombre a quien el diablo tenía por tan terrible enemigo.

EL SOLDADO POBRE Y EL HOMBRE RICO

Erase una vez un hombre y su mujer, como tantos otros en el mundo, que tenían un solo hijo. Cuando le llegó la hora de ir a filas, éste abandonó su hogar con mucho pesar. Al cabo de los siete años regresaba a casa con cinco perras gordas en el bolsillo, cuando se topó con un pobre que le pidió caridad en el nombre de Dios. Nuestro soldado le dio una perra gorda. «Sólo tengo cinco», le dijo, «pero no puedo negarme si me lo pides en nombre de Dios.» Un momento después apareció otro mendigo pidiéndole también caridad en el nombre de Dios:

«Sólo tengo cinco perras gordas para llevar a mi casa después de siete años de servicio», le dijo nuestro amigo, «y ya he dado una. Pero no puedo negarte lo que me pides. Todavía me queda bastante para el desayuno.»

Y siguió adelante, pero al poco se le acercó otro pordiosero, y otra vez dio la limosna que le pedía. El pobre le dijo entonces:

«Irás a tal casa y allí le pedirás caridad al señor Tahentozen en el nombre de Dios. No da limosna a nadie, pero por curiosidad, y para oír novedades, te pedirá que entres en su casa. Cuando le hayas contado lo que has visto, te preguntará que de dónde vienes. Debes decirle que vienes del cielo, pero que aquí no has visto sino pobres y tullidos, mientras que el infierno está lleno de hombres ricos; y que a las puertas del infierno hay dos diablos sentados en sillones», y añadirás, «vi uno de ellos vacío, y pregunté que para quién era, y llegaron dos diablos cojeando como si fuesen tullidos, que me dijeron: "Es para el señor Tahentozen. Nunca da nada por caridad, y si no cambia, su sitio será *este*".»

Así lo hizo nuestro soldado, llegó y pidió caridad en el nombre de Dios. Pero el criado, como siempre hacía, le echó. El señor, oyendo que algo pasaba, le preguntó al criado quién estaba allí. «Hazle pasar que quiero que me cuente novedades», ordenó. Entonces nuestro soldado le soltó todo lo que el pobre le había dicho, y el rico empezó a reflexionar, alojó al soldado en su casa, le hizo rico y el resto de su dinero lo repartió entre los pobres.

GACHINA, la cosedora de redes

LA VIUDA Y SU HIJO (2)

Erase una vez una viuda como tantas otras en el mundo, que tenía un hijo. El muchacho era bueno con su madre, y ambos se querían más de lo que se pueda explicar con palabras. Un día, el chico le dijo a su madre que debía irse a Roma. La mujer se quedó muy compungida, pero le permitió marchar. Antes de partir, le entregó tres manzanas y le dijo:

«Si en el camino conoces a alguien, y si estás sediento, dale una de estas manzanas para que la divida. Aquel que te devuelva el trozo más grande será buen compañero de viaje.»

Así que el muchacho partió. Al rato se encontró a tres hombres, habló con ellos y le dijeron que se dirigían a Roma. Siguieron juntos, y como la charla trae aparejada la sed, el hijo de la viuda le dijo a uno de ellos:

«En el bolsillo tengo una manzana que me dio mi madre. Nos la comeremos. Anda, cógela y divídela.»

---

(2) Esta parece ser una de las múltiples versiones de la «Leyenda Dorada», la «Aurea Legenda» que tan maravillosamente versificó Longfellow.

El hombre la cogió y la partió pero le entregó la parte más pequeña. Al verlo, el muchacho se inventó una excusa y abandonó a sus acompañantes. Siguió caminando, y se encontró con tres monjes. «Vamos a Roma nosotros también. Ven con nosotros», le ofrecieron. Al cabo de un rato empezaron a sentirse sedientos, así que el hijo de la viuda les dijo:

«Tengo una manzana que me dio mi madre al iniciar el camino. Aquí está. Cogedla y partidla.»

Los monjes no resultaron ser mejores compañeros que los otros, y también le reservaron el trozo más pequeño. Por fortuna el muchacho recordó el consejo de su madre y les abandonó. Un poco más adelante distinguió a lo lejos algo que brillaba bajo un roble. Al acercarse vio que se trataba de un rey. «¿A dónde te diriges?», le preguntó. «A Roma», contestóle el rey. «Descansa aquí un rato conmigo.»

Al poco les entró sed, y el hijo de la viuda le entregó al monarca la última manzana que le quedaba para que la partiese. El rey la partió y le dio el pedazo más grande. «¡Por fin he encontrado un buen compañero de viaje!», se dijo el muchacho muy contento, y bajo aquel árbol se prometieron amistad mutua. El hijo de la viuda se comprometió a llevar al hijo del rey a Roma vivo o muerto, y al otro prometió servirle y ayudarle mientras le quedase una sola gota de sangre en las venas. Continuaron el viaje hasta que la noche les sorprendió sin saber dónde cobijarse. Vieron entonces a una joven que iba a la fuente, y le preguntaron si les acogerían en la casa que se adivinaba a lo lejos.

«Desde luego», dijo ella, y añadió en voz baja «para desgracia vuestra», pero únicamente el hijo de la viuda escuchó aquel comentario.

Llegaron a la casa, y les recibieron de maravilla: les dieron una cena espléndida y una buena cama en el tercer piso. El hijo de la viuda dejó al hijo del rey la zona exterior de la cama, y él se tumbó en el lado que estaba pegado a la pared. El primero se durmió enseguida, pues estaba muy cansado, pero el miedo impidió dormir al hijo de la viuda que, justo cuando el reloj dio las doce, escuchó a alguien que subía las escalera, y vio al propietario de la casa entrar en la habitación con un enorme cuchillo en la mano. La señora de la casa sostenía la luz y la criada una palangana. Se acercaron, le cortaron la garganta al hijo del rey y se lo llevaron escaleras abajo. Mientras tanto, el hijo de la viuda salió al tejado y comenzó a gritar pidiendo ayuda. Cuando llegó la muchedumbres les contó lo ocurrido, pero como jamás habían oído nada semejante, no le creyeron y le encerraron en prisión. Al día siguiente fue condenado a muerte.

Antes de morir, nuestro amigo pidió un último favor, y se lo concedieron: «Que dos sabuesos registren la casa donde yo dormía.» Así que fueron todos para allá con los perros y los encargados de la justicia. Registraron el castillo entero sin hallar ni una gota de sangre, y bajaron a continuación a ver el sótano. Los perros no paraban de husmear excitados, pero el dueño de la casa se negó a abrir la puerta. «Ahí dentro no hay más que polvo y basura», dijo. «Debes abrirla de todos modos», le contestaron, y al entrar se encontraron muerto al hijo del rey con su corona.

Pusieron al hijo de la viuda en libertad, y él les pidió que le entregasen el cadáver de su amigo, lo metió en un saco, se lo echó a los hombros y siguió camino de Roma, donde llegó exhausto. Pero había cumplido la palabra dada.

Se fue enseguida a ver al Santo Padre, y le contó lo que le había ocurrido a su amigo. El Santo Padre le dijo entonces: «Mañana, en el momento de la Elevación (*), colocarás la cabeza sobre su cuerpo.»

Así lo hizo nuestro amigo, y en ese mismo instante el cuerpo del hijo del rey se estremeció con un temblor y el muchacho gritó:

«¿Dónde estoy?»

«En Roma», le contestó el hijo de la viuda. «¿No recuerdas cómo te cortaron el cuello ayer? Yo mismo te he traído hasta aquí, tal y como te había prometido.»

El hijo del rey fue a visitar al Santo Padre, y después los dos amigos emprendieron el camino de regreso. Llegaron al roble en que se habían conocido, pues allí era donde deberían también separarse. Se renovaron sus promesas de

---

(*) Elevación: Durante la misa, el instante en que se elevan la hostia y el cáliz, después de su consagración (N.T).

amistad, y el hijo del rey se quitó el anillo y se lo dio a su amigo para que nunca le olvidase. Después nuestro joven se puso a contar el dinero que le quedaba, y descubrió que tenía el mismo que cuando había estado por última vez bajo aquel roble. Se despidieron y volvieron a sus casas.

La viuda y su hijo se entusiasmaron de alegría al volver a verse, pero al día siguiente el muchacho cayó presa de una enfermedad terrible que se parecía mucho a la lepra y se contagiaba por el olor. Su pobre madre hizo cuanto pudo para curarle, pero nada aliviaba al muchacho. La mujer oyó decir que había cerca de allí un monje, un hombre santo, que curaba las enfermedades, así que envió a buscarle, y cuando llegó, el muchacho le contó su viaje a Roma y lo que le había ocurrido en él, así como las promesas que se había hecho con el hijo del rey. El monje le dijo:

«Si quieres curarte sólo hay un remedio: debes lavarte con la sangre de ese rey.»

Aquello entristeció mucho a nuestro amigo, pero su madre organizó el viaje para el día siguiente, de modo que partieron en un viejo carruaje. Allá por donde pasaban la gente se tapaba la nariz y exclamaba: «¡Uf, uf!» Llegaron por fin a la casa del rey, y la viuda pidió permiso para hablar con el monarca. «¡Vete de aquí!», le dijo una criada, pues despedía un olor insoportable, «y no vuelvas a acercarte.» Así que la pobre mujer no pudo hablar con el rey; hasta que un día éste salió de paseo, vio el carruaje frente a la casa y preguntó qué era aquello.

«Es un hombre enfermo, que huele como el pescado podrido y quiere veros», le dijeron. «¡¿Por qué no me lo habíais dicho antes?!», replicó el rey, enfurecido, y ordenó que llevasen a esa gente al palacio. El hijo de la viuda le contó quién era, y le mostró el anillo que le había dado el propio rey como recuerdo. Entonces el rey, sin prestar atención a su enfermedad, le tomó en sus brazos y lo estrechó contra su pecho, y el hijo de la viuda le contó lo que le había dicho el monje y el pesar que aquello le había producido.

El rey, que estaba casado y tenía un hijo, fue a buscar a su esposa y le contó lo que había ocurrido con aquel enfermo del carruaje: que aquel hombre le había devuelto la vida en una ocasión y ahora le tocaba a él devolverle el favor, pues su enfermedad sólamente podía curarse con su sangre. «Te ordeno que escojas entre tu hijo y yo», le dijo, y la pobre mujer hubo de sacrificar a su hijo. Le mataron y lavaron al enfermo con su sangre, que se curó al momento. La reina destrozada de dolor, se fue al cuarto de su querido hijito, y ¡allí se lo encontró, otra vez lleno de vida! La mujer, radiante de alegría, tomó a la criatura en sus brazos y corrió a enseñárselo a todos. ¡Imaginen la alegría que allí reinó! La viuda y su hijo se quedaron a vivir en el palacio del rey donde fueron felices para siempre y nunca más se marcharon.

CATHERINE ELIZONDO

LA HISTORIA DEL CILICIO

Había una vez un caballero y una dama como tantos otros en el mundo. No tenían hijos, y deseaban uno más que ninguna otra cosa, así que hicieron el juramento de ir a Roma, y nada más hacerlo, la mujer se quedó embarazada.

«Haríamos bien en partir enseguida a cumplir nuestra promesa», le dijo el esposo.

«No tenemos tiempo ahora. Ya iremos después de que nazca nuestro hijo», contestó ella.

La mujer dió a luz un niño. El chaval creció, y pronto se dio cuenta de que su padre siempre estaba triste, pues a menudo se lo encontraba llorando en cualquier rincón. Tenía ya siete años, y su madre aún no se había decidido a ir a Roma. Un día entró en el dormitorio de su padre y le halló llorando otra vez.

«¿Qué es lo que te pasa, padre?», le preguntó.

Pero el hombre no le respondía, así que el chaval cogió una pistola y le dijo:

«Si no me dices lo que te pasa, te dispararé a ti primero y luego me mataré yo.»

Entonces su padre le contó cómo él y su madre habían

hecho la promesa de ir a Roma si tenían un hijo, pero no la habían cumplido.

«Es por mí por quien hicisteis la promesa», le dijo el chaval, «así que seré yo quien vaya a cumplirla. Adiós», y se marchó.

Se pasó siete años caminando, mendigando pan para poder comer, hasta que llegó por fin ante el Santo Padre, y le contó la razón por la cual había viajado a Roma. Entonces el Santo Padre le encerró en una habitación asegurándole que sólo sería durante una hora. Al salir, el chico le dijo:

«Os habéis equivocado, Padre. Me habéis hecho permanecer ahí dentro dos horas por lo menos.»

«¡No!», le dijo el Santo Padre. «Has estado en esa habitación sólo una hora», y le encerró en otro cuarto durante dos horas. Cuando salió otra vez, dijo:

«Padre, me habéis obligado a estar ahí dentro más de dos horas.»

«¡No!», le dijo el Santo Padre, y le encerró en otra durante tres horas. Al salir, el chaval dijo:

«Me habéis encerrado ahí dentro sólamente tres minutos.»

«Has estado allí tres horas», le dijo el Santo Padre. «La primera habitación era el infierno; la segunda, el purgatorio; y la última el cielo (3).»

«¿Dónde estoy?», le preguntó el chico. «¡Estoy en el paraíso! ¿Y mi padre, dónde está?»

«También en el paraíso.»

«¿Y mi madre?»

«En el infierno.»

«¿No puedo salvar a mi madre?», preguntó el chico, muy apenado. «Estaría dispuesto a dejar correr mi sangre durante siete años por ella.»

Entonces el Santo Padre le dijo que podía salvarla; le puso un cilicio cerrado con un candado, y tiró la llave al mar:

«Cuando encuentres la llave», le dijo el Santo Padre, «tu madre se habrá salvado.»

El muchacho emprendió el camino de vuelta, mendigando

(3) La idea de este incidente no está limitada a la cristiandad; se cuenta una historia similar de un santo musulmán, y de un califa o rey. La acción se desarrolla en El Cairo.

para comer, como había hecho antes, y tardó siete años en regresar a su país. Iba de casa en casa pidiendo limosna, hasta que se encontró con su padre que, sin reconocerle,le preguntó:

«¿De dónde vienes, mendigo?»

«De Roma.»

«¿No habrás visto en el camino a un muchacho de tu misma edad?»

«Sí, sí, le he visto. Lleva caminando siete años, derramando su sangre para salvar a su madre.»

Entonces salió a la puerta la mujer:

«¡Echa ya a ese pordiosero!», le ordenó a su marido, pero él no le prestó atención, pues aquel pordiosero le estaba contando infinidad de cosas de su hijo. «Cenarás con nosotros», le dijo. A la mujer no le hacía ninguna gracia aquello, pero el marido envió a una criada al mercado para comprar el mejor pescado que hubiese. Cuando volvió, se fue al corral a limpiarlo. El joven mendigo la siguió, y cuando ya terminaba su tarea, apareció una llave dentro del pez.

«Esa llave me pertenece», le dijo el mendigo, y la muchacha se la entregó.

La señora no podía soportar a aquel pordiosero, tanto que aprovechó una ocasión para empujarle a un pozo de agua. De pronto todo el agua del pozo se desbordó y el joven salió de su boca ileso. El marido no vio que su esposa fue quien le había empujado.

«Me he caído ahí dentro», le dijo el pordiosero. El pobre hombre quiso entonces darle alguna ropa, pero el chaval no las aceptó. «Me secaré junto al fuego.»

Durante la cena, la mujer se mostró todo lo antipática que pudo, hasta que el joven le preguntó:

«¿Serías capaz de reconocer a tu hijo?»

«Sí, sí», dijo ella. «Tiene una marca en medio del pecho.»

Entonces el joven abrió sus ropas y les mostró la señal; después le entregó la llave a su madre para que abriese el cilicio, y al hacerlo la mujer no distinguió sino sangre y costras. En aquel momento, los tres se murieron, y la criada vio a tres palomas que se alejaban volando. ¡Ojalá pudiese yo hacer lo mismo!

GACHINA, la cosedora de redes

LA HUERFANA SANTA

Había una vez una muchachita que vivía sola, alejada del mundo y en santidad. Todos los días una paloma le traía el sustento. En una ocasión vio cómo dos gendarmes conducían a una joven, a prisión o al cadalso, y la huérfana pensó:

«Si hubiese vivido como yo, no la llevarían ahora a la cárcel.» En ese momento su corazón se llenó de orgullo, y desde aquel día la paloma dejó de llevarle alimentos. La joven fue en busca de un sacerdote y le contó lo que había pasado, y cómo, desde entonces, no recibía ya más comida. «Has sido castigada por aquel pensamiento vanidoso», le dijo el sacerdote, «por ello deberás estar presente en el nacimiento de tres niños, y ver qué es lo que traen al mundo.»

El primero fue el hijo del rey. La huérfana pidió permiso a la reina para permanecer en el dormitorio mientras daba a luz, no importaba en qué rincón. La reina accedió, y alumbró a un muchacho, el cual traía un cordel blanco anudado en torno al cuello, y la huérfana comprendió que el chico moriría guillotinado (4) al cumplir los dieciocho años. Después presenció el nacimiento de otra criatura. Esta traía un cordel rojo alrededor del cuello, y la huérfana concluyó que la chica saldría torcida y acabaría mal. Luego vio un tercer parto: era un chico, y traía un cordel azul, lo que significaba que sería muy bueno.

La huérfana regresó al palacio de la reina, y allí vivió

(4) En la historia original debía decirse que el muchacho sería «colgado», como muestra la continuación del relato, en la que un ángel le cuelga durante un instante. Este es un buen ejemplo de cómo se va alterando el ropaje de un relato a medida que las viejas costumbres van siendo olvidadas por la gente.

feliz, ocupándose especialmente de cuidar al niño. A menudo mientras le acariciaba musitaba con voz triste:

«¡Pobre niño!»

La madre se dio cuenta, y un día le dijo:

«¡Cualquiera diría que este niño es muy desgraciado! ¿Siempre dices lo mismo cuando acaricias a un niño, como si verdaderamente fuese infeliz o si hubiera de ocurrirle algo malo?»

Cuando se acercaba la fecha fatídica, la huérfana le contó a la reina lo que iba a ocurrirle a su hijo cuando cumpliese los dieciocho años. ¡Imagínense la desazón de la reina! Se lo contó al rey, y los dos hablaron con su hijo. «Debo marcharme inmediatamente», fue la respuesta de éste, y partió para otra ciudad muy lejos de allí. Como era inteligente y aplicado, consiguió alojamiento en una casa cuyos propietarios regentaban una tienda muy grande. Vendían mucho, y todos querían al muchacho, porque era muy bueno. Cada noche le oían marcharse de la casa, pero nadie sabía a dónde iba. El comerciante suponía que el muchacho entraba en la tienda incluso durante la noche, y como sentía mucha curiosidad, hizo un agujero en el techo de la misma y se dispuso a espiarle.

Observó cómo el muchacho cogía una vela, depositaba lo que valía en la caja, contando el dinero en voz alta, y después, con la vela en las manos, se arrodillaba y de ese modo se dirigía hasta una capilla que estaba bastante lejos. El señor le siguió durante toda una semana, y pudo comprobar que el muchacho repetía siempre las mismas acciones. Al octavo día el dueño de la casa miró por la cerradura de la capilla, y vio cómo un ángel, que descendía de las alturas, le echaba una cadena a nuestro amigo y lo suspendía en el aire. Un instante después lo bajaba, y el muchacho regresaba a la casa de su señor.

«He visto todo lo que haces por la noche», le dijo un día.

«Era mi penitencia, pero ya se ha acabado. Ahora debo volver a mi casa», le respondió el muchaho.

«No te vayas todavía. Cásate primero con mi hija, y después márchate si quieres.»

«Tengo padre y madre, y no puedo hacer lo que me pide sin antes decírselo a ellos. Pero si les parece bien, lo haré encantado.»

Enseguida se puso en camino a su hogar. ¡Imagínense la alegría del rey y la reina al ver a su hijo llegar sano y salvo! Se habían pasado todo el tiempo aterrorizados, esperando oír en cualquier momento que su hijo había muerto ahorcado. El les contó lo que había hecho como penitencia, tras la cual sin duda el buen Dios le había perdonado, y cómo su señor quería casarle con su hija. Y así se hizo, y todos vivieron felices y murieron así también.

LOUISE LANUSSE

LA JOVEN CALUMNIADA Y DESPRECIADA

Había vez una madre y su hija, como tantas otras en el mundo. Eran muy pobres, y un día la muchacha le dijo a su madre que quería irse a buscar trabajo para poder hacer algo por ella. La madre no quiso ni oír hablar del asunto. ¿Qué iba a ser de ella sin su hijita? Prefería ser pobre en su compañía que ser rica y vivir sola; así que la joven se quedó en casa, trabajando de vez cuando como costurera. Pero de pronto su madre cayó enferma y murió rápidamente.

La pobre muchacha quedó destrozada de dolor, pero continuó trabajando como antes. Un día, mientras cosía en una casa, llegó un amigo de los señores y les dijo:

«¡Pero cómo! ¡Tenéis trabajando aquí a esta chica! Es mala. ¡No deberíais darle trabajo!»

Así que al llegar la noche le pagaron su jornal y le dijeron que no la necesitaban más. Se fue a otra casa, pero le ocurrió lo mismo. Siempre entraba alguien y decía:

«¡Tenéis a esa chica trabajando para vosotros! ¡Esa chica va a acabar mal, seguro! Es una ladrona, no la dejéis más tiempo aquí.»

Por la noche le pagaban su jornal y la despedían. Nadie quería ya darle trabajo, y la muchacha se quedó en casa. Unos vecinos, más por caridad y lástima que por necesidad, le permitieron que trabajara para ellos durante unos días, pero también entonces llegó alguien que dijo:

«Me asombra ver a esa chica aquí. Es una inútil. ¿Cómo es que la tenéis contratada?»

«Por caridad, simplemente para ayudarla», respondieron los vecinos.

«Despedidla. Es una ladrona, y mala como no podríais imaginar.»

Así que le pagaron su jornal y le dijeron que no la necesitaban más (5).

La pobre muchacha estaba angustiada. Si quería comer, tendría que mendigar. Empezó a hacerlo, pero todos la odiaban tanto que cuando la veían la escupían.

Un día, al capitán de un barco que había regresado de uno de sus viajes, y mientras se divertía con sus amigos, se le acercó la joven pidiendo caridad. «Es una mala chica», le dijeron los otros al capitán. Luego escupieron sobre ella, y él hizo otro tanto.

Poco después nuestro capitán emprendió un nuevo viaje, y en altamar le atrapó una tormenta terrible. La lluvia caía como si nunca fuese a cesar, y todos en el barco temblaban de pánico. En medio de sus plegarias, el capitán prometió que, si salía con vida de aquella, se casaría con la chica más despreciable que encontrase. Inmediatamente, volvió la calma, y el resto del viaje resultó espléndido, además ganó mucho dinero con él. Mas cuando tocó tierra olvidó su promesa y sólo se preocupó de divertirse todo cuanto pudo.

Una vez más, mientras estaba con sus amigos, se les acercó la joven pordiosera y les pidió caridad. Sus amigos repitieron que era una mala chica, escupieron sobre ella y él lo mismo. Pero regresó a la mar, y otra tormenta atrapó a su navío, aún peor que la anterior. El viento y los rayos restallaron terribles, y todos en el barco temblaban y rezaban. El capitán volvió a prometer, si es que conseguía llegar a

(5) Toda esta situación es desgraciadamente mucho más próxima a la realidad de lo que a primera vista podría parecer. Toda la historia de los *Cagots*, y de la brujería en buena parte muestran la virulencia de esta suerte de antipatías irracionales, y lo difíciles que resultan de superar o combatir una vez se han introducido en la población rural.

casa sano y salvo, que se casaría con la chica más abandonada y pobre que pudiese encontrar.

«Si hubiese mantenido mi promesa», se dijo, «quizá ahora no me vería en medio de este temporal, pero por nada del mundo volveré a olvidarla.»

En ese mismo instante la tormenta desapareció y retornó la calma. El capitán volvió a tener una suerte espléndida en sus tratos, y ganó todo lo que quiso y más. Cuando regresó a casa, se encontró de nuevo con la joven pordiosera. Sus amigos escupieron sobre ella, pero él les dijo:

«Yo no voy a escupirle. Al contrario, voy a casarme con ella.»

«¡Ja! ¡Ja! ¡Ja!», estallaron sus amigos en carcajadas, pero el marino volvió a casa y le dijo a su madre que iba a casarse.

«Si haces un buen matrimonio, estoy de acuerdo», aceptó la madre.

«Pero ella no es rica. Es esa chica de ahí», replicó el capitán.

«Deja a esa chica. Es una mala mujer», le dijo su madre, muy digustada.

«No me importa. No me casaré con ninguna otra.»

El capitán les preguntó a sus amigos el domicilio de la muchacha, y ellos le señalaron una casa muy vieja. Allá se dirigió, y llamó a la puerta.

«¿Quién es?», preguntó la joven.

«Abreme la puerta. Soy yo.»

«No, no abriré. Estoy en la cama.»

«No importa, ábreme.»

«No, no abro.»

«Entonces tiraré la puerta abajo.»

«Haz lo que te plazca, pero no voy a abrirte.»

El capitán cumplió la amenaza, echó la puerta abajo y entró. Allí estaba ella, tirada en un jergón de paja y vestida únicamente con un camisón.

«Mátame si quieres», dijo la joven, «pero no te acerques a mí.»

Así estuvieron un buen rato, hasta que por fin el capitán le dijo:

«¿Me prometes casarte conmigo?»

«¿De qué me hablas?», se extrañó la muchacha. «Soy tan pobre, ¡y tú tan rico! ¿Cómo vamos a casarnos?»

«Nos casaremos», le aseguró el capitán, pero ella no podía creerle.

«Si me das tu promesa, me marcharé ahora mismo», le dijo el capitán. La chica accedió, para quitárselo de encima, y el marino se marchó.

Al día siguiente fue a ver a un cura, le contó lo que le había ocurrido, le entregó cuarenta mil francos y le dijo:

«Con este dinero, haz que construyan una buena casa, amuéblala y si falta algo, encárgalo, porque lo pagaré cuando vuelva de mi próximo viaje.»

También la joven fue a ver al mismo cura, a quien ya conocía pues la había ayudado y reconfortado en varias ocasiones. El sacerdote le contó cómo el capitán le había confiado cuarenta mil francos para construir una casa y para que ella comprase cuanto quisiese.

El capitán partió, y su viaje resultó el mejor que pueda imaginarse. Disfrutó de un tiempo magnífico, ganó mucho dinero, y a los pocos días de regresar se casó con su prometida.

Pasado un tiempo, el capitán quiso partir de nuevo. Así que llevó a su esposa a casa de su madre, y le dijo a ésta:

«Mi mujer estará mejor aquí que sola. Vístela siempre como corresponde a su posición, dale bien de comer y cuídala lo mejor que sepas.» Y dicho esto, salió a la mar.

Durante la travesía escribía a menudo a su esposa, pero, ¿qué hicieron su madre y su hermana en cuando él se fue? Pues le quitaron a la joven todos sus preciosos vestidos, le hicieron ponerse harapos y zapatos de madera, le dieron un trozo de pan y la mandaron a cuidar a los gansos. «Además, tienes que traer todos los días leña para el fuego, y tejer mientras vigilas a los animales», le ordenaron. La pobre muchacha no dijo nada y se marchó con los gansos. Por la noche regresó con cuatro madejas tejidas y una carga de madera para el fuego. Y así hizo día tras día, mientras las otras ni siquiera le decían que su marido la escribía.

El capitán disfrutó de un viaje excelente, y como guardaba algún recelo respecto de su madre y su hermana decidió volver a casa en secreto para ver cómo estaban tratando a su esposa. Se presentó como un capitán extranjero que deseaba pasar una semana alojado en aquella casa. La madre y la hermana le recibieron muy bien. «Elije la habitación que quieras», le dijeron, y el capitán escogió su propio cuarto de matrimonio. Al caer la noche regresaron los gansos cacareando, y con ellos la joven esposa. El capitán preguntó a sus anfitrionas:

«Tengo por costumbre tomar para mi servicio a una chica cuando viajo así. ¿Podríais conseguirme alguna?»

«Por supuesto. Esa joven se alegrará más que ninguna de ponerse a tu servicio. Te la damos», le contestaron ellas, y fueron inmediatamente a decírselo a la muchacha.

«No iré», dijo ella.

«¡Pero si ese caballero tiene cofres llenos de oro!», le contestaron las otras. «Nosotras iríamos gustosas con él, pero te ha escogido a ti», y la obligaron a entrar en la habitación de su distinguido huésped. El capitán ordenó que le sirvieran una cena espléndida. «Tengo por costumbre cenar bien», les explicó.

Se dispuso a comer, mientras la joven permanecía de pie ante la mesa. «¡Come algo!», le dijo el capitán, pero ella rehusaba: «No tengo hambre. Yo he comido mi ración del día.»

«¿Dónde has comido?», le preguntó el capitán. «¿Y qué has comido?»

«Un trozo de pan que me llevé por la mañana.»

«¡Come entonces de estos manjares!», insistió él.

«No, no quiero nada, y el mejor favor que puedes hacerme es dejarme volver con mis gansos.»

«¿No sabes entonces porqué estás aquí? Vas a dormir conmigo.»

«Dejaré que me despedaces antes de acostarme contigo. Tengo un marido, y quiero serle fiel.»

El capitán siguió preguntándole, y ella le contó que antes era muy pobre y nadie la quería, pero que un día un rico caballero la había pedido en matrimonio: le habló de lo bueno que había sido con ella incluso después de la boda, y que después había salido a la mar dejándola al cuidado de su madre, y que desde entonces ella no había vuelto a tener noticias suyas.

«¿Serías capaz de reconocer a tu marido?», le preguntó entonces el capitán.

«Sí», respondió ella.

«¿Tiene alguna marca, alguna señal?»

«Sí. Tiene un lunar en medio del pecho con tres pelos.»

Entonces el caballero se abrió la camisa y le mostró el pecho con aquella marca de nacimiento. La joven se desmayó de pura alegría y el capitán, sacando una botella de licor de un cajón, se apresuró a reanimarla. La muchacha volvió en sí, y pasaron juntos una dulce noche.

A la mañana siguiente los gansos se agolparon como siempre en la puerta de la casa, y la dueña y su hija fueron a al puerta de la habitación del huésped. «¡Ya has permanecido aquí bastante tiempo!», le dijeron. «Es hora de partir: ¡Nos parece una vergüenza estar en la cama a estas horas!» Entonces el capitán se levantó y le dijo a su madre:

«¡¿Qué pasa, madre?! ¡¿Era este el modo en que te encargué cuidar de mi querida esposa?!»

Y fue tal su cólera que, de no haber sido por su esposa, habría golpeado a su propia madre. La echó de la casa, igual que a su hermana, y vivió con su esposa feliz muchos años. Y como vivieron bien, murieron así también.

LA HERMANA DE LAURENTINE

Quizá se trate de Toutou, pero en el País Vasco es difícil en ocasiones averiguar el apellido de alguien. «¿Quién es Laurentine?», pregunta uno. «La hermana de Toutou», es la respuesta. «Pero, ¿quién es Toutou?». «La hermana de Laurentine». Y si uno quiere sacar algo más en claro, debe proseguir esta especie de interrogatorio cruzado durante media hora más. Algunos de nuestros relatos no tiene firma, y creemos que su autoría debe dividirse entre Catherine Elizondo y Laurentine Kopena. Estas dos mujeres nos contaron tal cantidad de cuentos que a veces olvidamos registrar sus nombres, y luego, al reordenarlos para la impresión, se nos perdió la pista.

Tenemos recogidos otros trece cuentos de todas clases, además de las correspondientes versiones de los mismos, que no hemos presentado aquí. La mayoría son cortos, y no muy diferentes a los aquí mostrados, excepto en dos o tres casos en que resultan más estúpidos. Además algunos de ellos pueden hallarse en la colección de M. Cerquand.

INDICE

La presente edición de las «Leyendas Vascas», *del* Reverendo Wentworth Webster, *constituye el volumen trigésimo tercero de la colección* Libros de los Malos Tiempos. *Se terminó de imprimir en Madrid el día quince de noviembre de mil novecientos ochenta y nueve. Quieren los editores agradecer los infinitos desvelos de* Seve Calleja, *sin cuya ayuda no hubiera sido posible realizar esta edición que a él queda dedicada.*